KB273304

골방에서
만나는 하나님

골방에서 만나는 하나님

초　판 1쇄 발행　　1993년　8월 10일
개정판 1쇄 발행　　2007년 10월 25일
개정판 6쇄 발행　　2025년　7월 15일

지은이　　　　앤드류 머레이
옮긴이　　　　박이경

펴낸이　　　　곽성종
펴낸곳　　　　(주)아가페출판사
등록　　　　　제21-754호(1995년 4월 12일)
주소　　　　　(08806) 서울시 관악구 남부순환로 2082-33
전화　　　　　584-4835(본사), 522-5148(편집부)
팩스　　　　　586-3078(본사), 586-3088(편집부)
홈페이지　　　www.agape25.com
판권　　　　　ⓒ (주)아가페출판사 1993
ISBN　　　　 978-89-537-8024-8 (03230)
분당직영서점　전화 031-714-7273 | 팩스 031-714-7177
인터넷서점　　http://www.agapemall.co.kr
　　　　　　　*인터넷에서 '아가페몰'을 검색하세요.

저작권법에 의하여 한국 내에서 보호받는 저작물이므로
무단전제와 복제를 금합니다

아가페 출판사

골방에서 만나는 하나님

앤드류 머레이 영성 시리즈 3

앤드류 머레이 | 박이경 옮김

아가페

차례

The Believer's Daily Renewal

The Believer's Daily Renewal

이 책에는 매우 중요한 사색의 내용들이 담겨 있습니다. 날마다 필요한 개인 경건 시간, 진실한 기도, 성경 읽기. 그리고 이 모든 일들의 목적이며 축복의 통로인 하나님과의 교제, 세상에 속해 살면서 맡은 바 의무를 다하기 위해 더욱 강화하고 훈련해야 할 영적 생활, 하나님 나라를 섬기기 위한 전도와 중보기도. 이러한 일들은 모두 우리의 헌신을 기쁨과 능력의 자원으로 만들어 줍니다. 이 책에서는 이 사색의 내용들을 조직적으로 깊이 다루지는 않았고, 내면 세계의 성장과 하나님과의 교제를 더욱 친밀하게 이끌어 주는 내용들을 다루었습니다.

남아프리카에는 오렌지 나무를 해치는 여러 질병이 있는데 그 중 하나가 그 유명한 '뿌리병'(root disease)입니다. 이 병에 걸려도 나무는 여느 때와 다름없이 열매를 맺기 때문에, 일반인은 무엇이 잘못되었는지 눈치 채지 못합니다. 그러나 전문가는 그 나무에서 서서히 진행되는 죽음의 서곡(序曲)을 듣습니다.

포도나무의 뿌리진디(phylloxera)도 이러한 뿌리병의 일종인데, 옛 뿌리를 잘라내고 새 뿌리를 접붙이지 않는 한 근본적인 치료가 불가능합니다. 뿌리병에 걸린 남아프리카의 포도나무에 건강한 미국산 포도나무 뿌리를 이식시키면, 줄기, 가지, 열매는 전과 다름없지만 병들었던 뿌리는 싱싱해지고 질병에도 저항력을 지니게 됩니다. 질병이 찾아오고 치료가 필요한 곳은 눈에 보이지 않는 내면일 경우가 많습니다.

그리스도의 교회와 수많은 그리스도인들의 영적 생활도 이 뿌리병으로 고통을 당하고 있습니다. 오늘날 그리스도인들이 세상에 휩쓸리며 풍성한 열매를 맺지 못하는 것은 하나님과의 은밀한 교제를 소홀히 하기 때문입니다. 우리는 그리스도 안에 뿌리를 내리고 자리를 잡는 내면 세계를 너무 소홀히 다룹니다. 그리스도인들의 삶에서 '골방'(inner chamber)이 그리스도의 소유로 회복되지 않는 한, 그 무엇도 이러한 현실을 변화시키지 못할 것입니다. 그리스도인들이 자신의 노력에 의존하기보다는 날마다 그리스도 안에 뿌리를 더욱 깊이 내리며 하나님과의 은밀한 교제를 최우선으로 여길 때 비로소 참된 신앙의 열매를 풍성히 맺을 것입니다. "뿌리가 거룩한즉 가지도 그러하니라"(롬 11:6). 아침 경건의 시간이 주님 앞에서 거룩하다면 하루의 삶도 거룩할 것입니다. 뿌리가 건강하면 가지도 건강합니다.

하나님 안에서 더 깊고 풍성한 삶을 갈망하며 추구하는 모든 그리스도인들에게 이 책이 도움이 되기를 진심으로 기도합니다.

앤드류 머레이(Andrew Murray)

1.
아침 시간

여호와여 아침에 주께서 나의 소리를 들으시리니
아침에 내가 주께 기도하고 바라리이다(시 5:3).
주 여호와께서 … 아침마다 깨우치시되 나의 귀를 깨우치사
학자들 같이 알아 듣게 하시도다(사 50:4).

오래 전부터 하나님의 종들은 아침 시간을 하나님께 예배드리는 데 적합한 시간으로 생각해 왔습니다. 오늘날 많은 그리스도인들도 하나님과 은밀히 교제하기 위해 하루의 첫 시간을 떼어 놓는 것을 의무와 특권으로 여기고 있습니다. 어떤 사람들은 이 시간을 '조용한 시간' (Quiet Hour)이라고 부르고, 또 다른 사람들은 '고요한 시간' (Still Hour) 혹은 '경건의 시간' (Quiet Time)이라고 부릅니다. 그 시간이 얼마나 되는지와는

상관없이, 이 모든 시간은 시편 기자의 다음 고백과 일치합니다. "여호와여 아침에 주께서 나의 소리를 들으시리니"(5:3).

모트(Mott)는 기도를 드리고 하나님의 말씀을 묵상하기 위해 매일 조용한 시간을 갖는 일이 얼마나 중요한가에 대해서 이렇게 말했습니다. "하루의 첫 30분을 하나님과 보내기 위해 아침 경건 시간을 가지려는 결심을 품는 것만큼 자신에게나 다른 사람들에게 유익한 일은 없을 것입니다. 이것은 그리스도를 구주로 영접하고 성령 세례를 구하는 것에 버금가는 일입니다." 이 표현은 얼핏 보면, 아침 경건 시간에 대해 너무 과장되게 말한 것이 아닌가 하는 생각도 듭니다. 그리스도를 구주로 영접하는 행위는 영원토록 중요한 일 가운데 하나이고, 또한 성령을 구하는 행위도 그리스도인의 삶에서 일대 혁명과도 같은 일입니다. 그러나 아침 경건 시간을 지키려는 확고한 결심은 이 두 행위에 비길 만큼 그렇게 중요해 보이지는 않습니다.

하지만 우리가 그리스도를 구주로 영접했을지라도 매일 하나님과 친밀히 교제하지 않는다면, 날마다 죄를 멀리하면서 성령님의 인도하심을 따라 능력 있게 사는 것이 얼마나 불가능한가를 알 수 있습니다. 그래서 우리는 곧 모트의 말이 사실임을 알게 될 것입니다. 아침 경건 시간은 그리스도와 성령님께 지속적으로 순종할 수 있는 열쇠와 같습니다. 이것은 그리스도께 삶의 전부를 내어드리고 모든 면에서 성령님께 완전히 순종하겠다는 확고한 결심을 반영합니다.

먼저, 아침 경건 시간의 목적을 살펴봅시다. 우리는 아침 경건 시간 자체를 목적으로 여겨서는 안 됩니다. 아침 경건 시간에 우리는 하나님께 기도하고 성경을 연구하는 복된 시간을 보낼 수 있습니다. 그럼으로써 어느 정도 신앙 회복에 도움이 되는 것은 사실이지만, 아침 경건 시간은 목적을 위한 수단에 불과할 뿐입니다. 아침 경건 시간의 목적은 하루를 온전히 그리스도와 함께 보내고자 하는 데 있습니다.

만약 당신이 어떤 사람이나 일에 강한 애착을 갖고 있다면, 다른 일을 하는 순간에도 당신이 애정을 갖고 있는 그 사람이나 그 일이 계속 떠오를 것입니다. 우리가 예수님을 깊이 사랑한다면 그분과 떨어져 있는 것을 잠시도 생각할 수 없습니다. 예수님께 헌신한 사람은 예수님의 사랑 안에 거하는 일, 예수님이 베푸시는 은혜의 보살핌을 받는 일, 예수님의 뜻을 행하고 그분을 기쁘시게 하는 일을 결코 일시적인 것으로 여기지 않습니다. 그리스도인은 그리스도가 없으면 한순간도 지탱할 수 없습니다. 예수님께 헌신한 사람은 그분의 사랑과 뜻 안에 항상 거하는 일 외에는 그 무엇에도 결코 만족할 수 없습니다. 이것이 바로 성경이 가르치는 진정한 그리스도인의 삶입니다. 또한 아침 경건 시간의 중요성이자 행복이며 참된 목적입니다.

목표가 분명할수록, 우리는 그것을 이루기 위한 수단들을 더욱 잘 활용할 수 있습니다. 아침 경건 시간을 다음과 같은 원대한 목표를 이루기 위한 수단으로 생각하십시오. '나는 온종일 그리스도와 동행할 것이다. 그래서 여기에 방해되는 일은 조금도 하지 않을 것이다. 나는 하루의 성공이 골방에서 그분과 친밀히 교제하는 것에 달려 있다는 사실을 깨달았다.' 우리는 이러한 목적을 이루기 위해 말씀을 묵상하고 기도해야 합니다. 그리스도와의 관계를 새롭게 하고 굳게 세우는 데 하루의 첫 시간을 드려야 합니다.

우리 속에 그리스도의 인격을 형성함으로 일상에서 예수님의 인격과 성품을 드러내는 것이 참된 신앙의 목적입니다. 그리스도의 마음과 뜻이 우리를 다스린다면, 사람들과의 대화, 관계, 일 가운데서 예수님의 마음과 뜻이 그대로 드러날 것입니다. 또한 그것은 우리의 제2의 본성이 될 것입니다. 이것은 모두 살아 계신 그리스도가 우리 안에 거하시기 때문에 가능한 일입니다. 처음에는 이러한 목표가 너무 높거나 어려워 보이지만 여기에 계속 시간을 들인다면 곧 넘치도록 보상을 받을 것입니다. 우리는 곧 더욱 새로워진 각오와 믿음을 가지고 성경과 기도를 향해 나아오게 될 것입니다. 아침 경건 시간이 그날 하루 종일 능력을 발휘하면 다음날 첫 30분에도 영향을 끼칠 것입니다. 그러면 그리스도와의 교제는 날마다 새로운 의미와 능력을 갖게 됩니다.

이것은 특히 아침 경건 시간을 지키는 정신에 영향을 끼칠 것입니다. 우리는 이러한 본질적인 일에 전심전력해야 합니다. 다시 말해서, 이러한 목표를 이루기 위해서라면 어떠한 노력이나 자기 부인이 요구될지라도 그 모든 값을 기꺼이 치르겠다는 확고한 결심을 해야 합니다.

공부를 하는 학생이나 운동선수들은 성공하려면 강인한 의지와 확고한 목표가 필요하다는 사실을 알고 있습니다. 그런데 신앙은 이보다 훨씬 더 강력한 헌신을 요구합니다. 그리스도는 우리가 전심으로 그분을 사랑하기 원하십니다. 다른 무엇보다도 그리스도와 평생 동행하겠다고 굳게 결심한다면, 그리스도에 대한 서약에 불순종하거나 그것을 피상적으로 지키도록 유도하는 모든 유혹을 물리칠 수 있습니다. 아침 경건 시간은 우리를 방종으로 이끄는 모든 유혹을 뿌리치는 강력한 은혜의 수단입니다. 또한 우리가 골방에 들어가 세상의 유혹에 대해서 문을 닫고, 전심으로 하나님의 은혜를 구하면 그 즉시 그리스도와 교제할 수 있습니다. 아침 경건 시간을 지속해 나갈수록 그 시간은 우리 삶에서 꼭 필요한 시간이 될 것입니다.

이런 격언을 들어 본 적이 있을 겁니다. "자신의 목적을 바로 알고 그것을 성취하기 위해 최선을 다하는 자만이 위대한 일을 할 수 있다." 그리스도에 대한 헌신을 좌우명으로 삼고 진력하는 사람은 날마다 자기의 거룩한 사명을 새롭게 통찰하고, 거기에 걸맞도록 자기의 의지를 강화합니다. 또한 날마다 그 사람을 만나고 돌보기 위해 기다리시는 그리스도가 그의 믿음을 보상해 주시는 것을 경험하게 됩니다. 우리는 우리를 사랑하시는 그리스도로 말미암아 영광스러운 승리자가 될 것입니다. 살아 계신 그리스도가 우리를 만나기 위해 기다리고 계십니다.

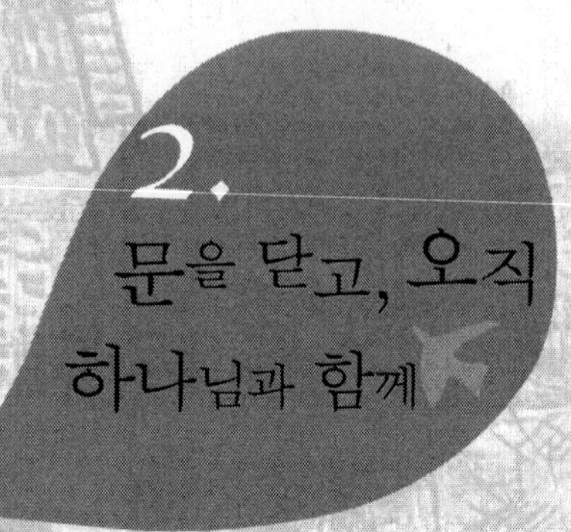

너는 기도할 때에 네 골방에 들어가 문을 닫고
은밀한 중에 계신 네 아버지께 기도하라(마 6:6).

인간은 하나님과 교제하며 살도록 창조되었습니다. 인간은 하나님의 형상으로 지음받았기 때문에 하나님을 이해하고 기뻐하며 그분의 뜻을 따르고 그분의 영광을 빛냈습니다. 또한 인간은 언제 어디서나 무소부재하신 하나님과 온전히 교제했습니다.

그러나 인간은 죄 때문에 이러한 교제와 기쁨을 빼앗겼습니다. 하나님과 인간의 교제 이외에 그 무엇도 인간이나 하나님의 마음을 만족시킬 수 없습니다. 그리스도는 바로 이러한 교제를 회복시키기 위해 오셨습니다. 그분은 하나님이 창조하신 피조물을 원래의 형상대로 되돌리고, 인간을 창조의 목적에 부합하도록 회복시키기 위해 오셨습니다. 하나님과의 친교는 행복의 극치입니다. 이 교제는 "내가 너와 함께할 것이다. 내가 너를 떠나지 않으며 버리지 않을 것이다"라는 하나님의 약속이 온전히 실현될 때, 다시 말해서 우리가 "하늘 아버지가 항상 나와 함께하십니다"라고 자신 있게 고백할 수 있을 때 비로소 이루어집니다.

하나님과의 친밀한 교제는 우리의 조건이나 상황에 관계없이 하루 종일 지속되어야 합니다. 이것은 골방에서 교제를 했는지에 달려 있습니다. 하루 종일 하나님과 친밀하고 즐거운 교제를 유지할 수 있는 힘은 은밀한 기도 시간에 이러한 친교를 열렬히 추구하는 데서 나옵니다. 아침 경건 시간의 본질은 바로 하나님과의 교제입니다.

우리 주님은 마음속에 감춰진 은밀한 기도로 교제해야 한다고 가르치셨습니다. "문을 닫고 은밀한 중에 계신 네 아버지께 기도하라." 하나님과 교제할 때 맨 처음 해야 할 중요한 일은 은밀한 중에 계신 하늘 아버지가 함께하며 지켜보신다는 사실을 깨닫는 것입니다. 하늘 아버지가 당신을 주목하시며 당신의 기도를 들으신다는 사실을 확신하는 일은 매우 중요합니다. 올바로 기도하기 위해 모든 노력을 기울이는 것보다 더 중요한 것은, 하늘 아버지가 당신을 바라보고 계시고 당신도 그분을 바라보고 있으므로 이제 실제로 교제할 수 있다는 사실을 진심으로 받아들이는 어린아이와 같은 확신입니다.

골방에서 교제할 때 우리가 주의할 것이 있습니다. 우리는 기도와 성경 공부를 하나님과의 생생한 교제(하나님께 우리의 사랑과 마음과 생명을 모두 바치고, 대신 그분으로부터 사랑과 마음과 생명을 받는 생생한 호환관계)와 맞바꿀 위험이 있습니다. 우리는 개인적인 필요와 그에 따른 간구, 겸손하고 진지하며 신앙심 깊은 기도를 드리려는 열망에 사로잡힌 나머지 하늘 아버지의 빛과 사랑과 기쁨을 맛보지 못할 위험이 있습니다. 또한 우리가 성경 공부 자체에만 과도한 흥미를 보이며 단지 우리 마음을 기쁘게 하는 종교적인 감상만을 추구하게 된다면, 하나님의 말씀을 하나님의 대체물로 여기는 잘못을 범할 수도 있습니다. 인간의 영혼을 하나님께로 인도하는 수단이 되어야 할 하나님의 말씀이 도리어 인간 스스로 만족 상태에 빠져들도록 한다면, 이것은 교제에 큰 장애물이 될 것입니다. 그러면 우리는 아침 경건 시간에 하나님의 은혜를 충분히 받지 못합니다. 결국 지속적인 교제를 할 수 있는 힘을 잃은 상태에서 하루의 일과를 시작할 수밖에 없습니다.

다음과 같은 한 가지 목적만을 추구하기 위해 골방에서 하나님께 나아간다면 사람들의 삶에 얼마나 큰 변화가 일어나겠습니까! '나는 하루 종일 하나님과 동행하기 원합니다. 아침 경건 시간에 하나님이 내게 분명한 언약을 하시고 나도 하나님께 그러한 언약을 하게 될 것입니다.

이 모든 일이 반드시 이루어질 것을 믿습니다.' 또한 우리가 다음과 같은 의식을 갖고 살아간다면 얼마나 큰 힘을 얻겠습니까! '하나님이 나를 돌보시며 나와 동행해 주십니다. 나는 온종일 하나님의 능력 안에서 그분의 뜻을 지키며 또한 앞으로 일어날 모든 일들에 대처할 준비가 되어 있습니다.' 우리가 은밀한 기도 시간에 평강, 빛, 능력을 간절히 구할 뿐만 아니라, 우리의 하루를 전능하고 신실하신 하나님의 보호 아래 의탁한다면, 우리의 생활이 얼마나 고결해지겠습니까!

"은밀한 중에 계신 네 아버지께 기도하라 은밀한 중에 보시는 네 아버지께서 갚으시리라." 하나님과의 은밀한 교제를 지속한다면, 사람들과의 관계에서도 충분한 보상을 받게 될 것입니다. 은밀한 중에 보시는 우리 아버지는 공개적으로 우리를 책임지시고 갚아 주십니다. 하나님과 함께하기 위해 사람들로부터 스스로를 떼어놓는 것은 하나님이 주시는 축복의 능력 안에서 사람들과 다시 친교를 나눌 수 있는 확실하고도 유일한 방법입니다.

3. 열린 문, 열린 보상

너는 금식할 때에 머리에 기름을 바르고 얼굴을 씻으라
이는 금식하는 자로 사람에게 보이지 않고 오직 은밀한 중에 계신
네 아버지께 보이게 하려 함이라 은밀한 중에 보시는
네 아버지께서 갚으시리라(마 6:17-18).
모세가 … 시내 산에서 내려오니 … 모세는 자기가 여호와와 말하였음으로
말미암아 얼굴 피부에 광채가 나나 깨닫지 못하였더라
아론과 온 이스라엘 자손이 모세를 볼 때에 모세의 얼굴 피부에 광채가 남을 보고
그에게 가까이하기를 두려워하더니 … 모세가 그들에게 말하기를 마치고
수건으로 자기 얼굴을 가렸더라(출 34:29-30, 33).

아침에 하나님과 친밀한 교제를 했다고 해서 사람들과도 친밀한 교제를 하는 것은 쉽지 않습니다. 우리가 하나님을 만났다면, 늘 동행하시는 하나님께 순종해야 한다는 의식을 일상에서도 계속 유지하고 싶을 것입니다. 그러나 가족들이 단란하게 모여 있는 아침 식탁으로 나아갈 때, 사람들과 주변 현실이 눈앞에 펼쳐지면서 우리는 방금 전 깨달았던 진리들을 차츰차츰 잊어버리게 됩니다. 젊은 그리스도인들은 하

나님과 교제하면서 깨달은 것을 일상에서도 적용할 수 있는 방법은 무엇일까 하는 의문을 가진 채 곤혹스러워합니다. 하지만 대부분 이러한 문제는 자유롭게 토론할 만한 것이 아니라고 생각해 버립니다. 게다가 토론할 만한 기회가 있는 것도 아닙니다. 심지어는 신앙 공동체에서도 이러한 문제들에 대해 자유롭게 얘기하기가 쉽지 않습니다. 서로가 깨닫고 고민하는 것을 자유롭게 나눈다면, 큰 유익과 기쁨을 맛볼 수 있을 텐데 말입니다. 그러면 우리의 인간 관계가 하나님과의 지속적인 교제에 방해되지 않고 오히려 도움이 될 수 있는 방법을 살펴보겠습니다.

수건으로 얼굴을 가렸던 모세의 이야기가 주는 교훈은 명백합니다. 하나님과의 친밀하고도 지속적인 교제는 그 흔적을 남깁니다. 다른 사람들도 그 사실을 뚜렷히 알게 됩니다. 모세는 자기 얼굴이 빛난다는 사실을 몰랐습니다. 마찬가지로 우리도 우리에게서 발산되는 하나님의 빛을 인식하지 못할 수 있습니다. 그것은 우리가 얼마나 약한 질그릇인가를 더 깨닫게 할 것입니다(고전 2:3, 4; 고후 4장).

하나님이 어떤 사람과 함께하신다는 사실을 깨닫게 되면, 사람들은 그를 두려워하거나 혹은 적어도 그에게 불안한 심정을 느끼게 됩니다. 사람들이 그의 안에 있는 무엇인가를 인식하게 되었을 때, 참된 신자는 얼굴을 가리운다는 것이 무엇을 의미하는지 바로 깨닫고, 자기도 주변 사람들과 똑같은 성정(性情)을 가진 인간임을 밝히 드러낼 것입니다. 그러면서도 한편으로는 자신이 보이지 않는 세상에 속해 있는 하나님의 사람이고 또한 그곳과 관계를 맺고 있는 사람이라는 증거를 늘 자기 안에 지니고 있을 것입니다.

우리 주님도 금식에 관한 말씀을 하시면서 이와 같은 교훈을 주셨습니다. 그분의 말씀에 따른다면, 우리는 금식하고 있다는 사실을 다른 사람들에게 자랑하듯 알리거나 과시해서는 안됩니다. 오히려 우리는 사람들을 만날 때, 하늘 아버지가 그들도 마찬가지로 아끼고 사랑하시는 자녀라는 사실을 인식하면서 그들을 대해야 합니다. 그리고 하나님과 지속적인 교제를 유지하고 또한 하나님의 은혜와 빛이 항상 우리와 함께한다는 사실을 사람들에게 알려야 합니다. 그러려면 은밀한 중에 우리를 보셨다가 공개적으로 그것을 갚아주시며 우리에게 은총을 내려 주시는 하나님을 의지해야 합니다.

베드로와 요한의 이야기도 같은 진리를 가르쳐 줍니다. 그들은 예수님이 지상에 계셨을 때뿐만 아니라 승천하신 후에도 늘 그분과 동행했고 그분의 영을 받았습니다. 그들은 그리스도의 영이 가르쳐 주시는 대로만 행동했습니다. 심지어는 적들까지도 그들의 대담한 행동을 본 후에 그들이 예수님과 함께 있던 자들임을 알게 되었습니다.

사람들과의 관계에만 너무 깊이 빠져들게 되면 하나님과의 교제에서 받은 축복을 잃어버리기 쉽습니다. 골방에서 가졌던 마음을 온종일 유지하려면 거룩한 경계를 게을리해서는 안 됩니다. 왜냐하면 우리는 적이 어느 시간에 침투할지 알지 못하기 때문입니다. 아침 경건 시간을 계속 유지하려면 자기의 본성에 굴복하지 않는 자제력이 필요합니다. 믿음의 가정에서는 아침 식사 시간에 그날 아침 경건 시간에 각자가 깨달은 내용을 나누십시오. 그러면 아침 경건 시간을 계속 유지하는 데 큰 도움이 될 것입니다.

우리가 깊은 겸손을 체득하고 주위 사람들과 사랑의 관계를 맺는 일뿐만 아니라 하나님과 동행하고 그분과 지속적으로 교제하는 것을 아침 시간의 귀중한 목적으로 여긴다면, 우리는 매일의 일과에서 그분과 지속적으로 교제하는 은혜를 맛보게 될 것입니다. 골방으로 들어가서 문을 닫고 은밀한 중에 계신 아버지를 만나는 일은 참으로 위대합니다. 그러나 문을 열고 바깥 세상으로 나와서 누구도 방해할 수 없는 하나님의 임재를 계속 누리는 일 또한 위대합니다.

어떤 사람들은 이러한 삶이 꼭 필요하다고 생각하지 않습니다. 그들은 이러한 삶이 주는 부담이 너무 클 뿐만 아니라, 이런 것 없이도 좋은 그리스도인이 될 수 있다고 생각합니다. 그러나 하나님께만 전념하기를 원하는 사람들, 교회와 주위 사람들에게 강력한 영향력을 행사할 수 있도록 하나님과 그분의 임재로 가득 차기를 바라는 사람들은 다음 한 가지 문제에 집중해야 합니다. 그들은 질그릇에 하늘 보화를 채우는 일, 다시 말해서 그리스도의 능력을 하루 종일 지속시키는 일에 초점을 맞춰야 합니다.

이교(異敎)에서 개종한 어느 신자는 이러한 고백을 했습니다. "기도할 때는 내가 하나님께 말씀을 드리고, 성경을 읽을 때는 하나님이 내게 말씀하십니다." 이 고백은 개인 경건 시간에 '기도와 말씀은 어떤 관계인가' 하는 문제와 관련하여 자주 인용됩니다. 모세의 행적을 기록한 다음 구절에도 이와 같은 사상이 아름답게 표현되어 있습니다. "모세가 회막에 들어가서 여호와께 말하려 할 때에 … 자기에게 말씀하시는 목소리를 들었으니 여호와께서 그에게 말씀하심이었더라"^(민 7:89). 모세가 자신이나 백성들을 위해 간구하고 하나님의 지시를 받으려고 회막으로 들어갔을 때, 그는 자신을 기다리시는 하나님을 발견했습니다.

아침 경건 시간 때 꼭 필요한 교훈은 바로 이것입니다. 하나님이 더불어 말씀하시고자 하는 영혼은 기도하는 영혼입니다. 또한 기도하는 영혼은 하나님이 말씀하시는 것을 듣기 위해 기다립니다. 하나님과 교제할 때는 나의 존재와 역할이 분명한 만큼 하나님의 임재와 역할도 분명해야만 합니다.

우리가 성경 묵상과 기도를 통해 하나님과 참된 교제를 하려면 어떻게 해야 될까요? 첫째, 하나님과 교제할 수 있는 장소로 가야 합니다. 모세는 하나님과 대화하기 위해 회막으로 갔습니다. 그는 백성들에게서 떨어져 나와 오직 하나님과 함께할 장소로 갔습니다. 예수님은 우리에게 그 장소를 가르쳐 주셨습니다. 예수님은 우리에게 골방으로 들어가 문을 닫고 '은밀한 중에 보시는' 우리 아버지께 기도하라고 가르쳐 주셨습니다. 오직 하나님과만 있다면 그곳이 어디든 골방이 될 수 있습니다. 하나님과 대화하려면 사람들에게서 떨어져 혼자만의 시간을 가져야 합니다. 그리고 하나님을 만나 직접 교제하는 일에 마음을 집중해야 합니다. 하나님과 대화하려고 골방으로 들어가는 사람은 자신에게 '말씀하시는 목소리'를 듣게 될 것입니다.

둘째, 하나님과 참된 교제를 하려면 올바른 위치에 서 있어야 합니다. 모세는 "속죄소 위의 두 그룹 사이에서 자기에게 말씀하시는 목소리를" 들었습니다. 우리는 속죄소 앞에서 하나님을 경배해야 합니다. 그곳에서 우리의 무가치함을 깨닫는다면 하나님을 더 신뢰하게 될 것입니다. 그곳에서 하나님이 위로 향한 우리의 시선을 보시고 우리의 기도를 들으시며 은혜롭게 응답하실 것이라는 분명한 확신을 가질 수 있습니다. 우리는 속죄소 앞에서 하나님을 경배하며 자비의 하나님이 우리를 주목하고 축복하실 것이라는 확신을 가져야 합니다.

셋째, 하나님과 참된 교제를 하려면 올바른 태도, 즉 귀 기울이는 태도를 가져야 합니다. 다소 차이는 있겠지만, 대부분의 사람들이 기도 시간에 자기의 말을 하는 데만 열중한 나머지 속죄소에서 '말씀하시는 목소리'를 전혀 듣지 못하는 경우가 많습니다. 이것은 그들이 하나님의 음성을 들으려 하지 않거나 그 음성을 듣기 위해 기다리지 않기 때문입니다. "여호와께서 이와 같이 말씀하시되 하늘은 나의 보좌요 땅은 나의 발판이니 … 무릇 마음이 가난하고 심령에 통회하며 내 말을 듣고 떠는 자 그 사람은 내가 돌보려니와"(사 66:1-2).

우리는 하나님의 말씀을 듣기 위해 골방에서 겸손하게 기다리는 심정으로 기도해야 합니다. 우리는 성경 말씀을 읽으면서 우리에게 '말씀하시는 목소리'를 듣습니다. 기도의 가장 큰 축복은 우리의 간구를 멈추고 하나님의 말씀을 들을 때 찾아옵니다.

기도와 말씀은 뗄 수 없는 관계입니다. 말씀은 하나님이 우리를 위해 어떤 일들을 하시는지 증거해 줍니다. 그래서 우리가 무엇을 기도해야 할지 알려줍니다. 또한 말씀은 하나님이 어떤 방식으로 우리를 부르시는지 말해 줌으로써 기도의 길을 제시해 줍니다. 그리고 말씀은 기도를 드릴 수 있는 힘, 즉 우리의 기도가 하나님께 상달될 것이라는 확신에서 우러나오는 용기를 더해 줍니다. 또한 말씀은 하나님이 우리를 위해 무엇을 해 주실지를 알려 줌으로써 기도의 응답까지 가르쳐 줍니다. 한편 기도는 하나님의 말씀을 받아들이고, 성령의 신령한 해석을 이해하며, 그분의 전능하신 사역에 헌신하는 믿음을 세울 수 있도록 마음을 준비시켜 줍니다.

이처럼 말씀과 기도의 공통 중심은 하나님이십니다. 기도는 하나님을 찾고, 말씀은 하나님을 계시합니다. 인간은 기도로 하나님께 말씀을 드리고 하나님은 말씀으로 인간에게 얘기하십니다. 기도할 때는 인간이 하나님과 함께하기 위해 하늘 아버지를 향해 간구하고, 말씀을 읽을 때는 하나님이 인간과 함께하시기 위해 땅으로 내려오십니다. 기도할 때는 인간이 하나님께 자기 자신을 바치고, 말씀을 읽을 때는 하나님이 인간에게 자신을 주십니다.

기도와 말씀에서 하나님이 전부가 되어야 합니다. 우리는 하나님을 우리 마음의 모든 것, 우리 소망의 유일한 목적으로 삼아야 합니다. 그러면 기도와 말씀이 하나님과의 복된 교제, 의사소통, 사랑과 생명이 될 것입니다. 그리하여 우리는 하나님 안에 거하고 하나님은 우리 안에

거하시게 될 것입니다. 우리의 신조는 바로 이것입니다. 하나님을 추구

하는 삶입니다!

5.
기도의 사람, 모세

모세는 최초로 이스라엘 백성의 지도자로 임명된 사람이었습니다. 모세에게서 우리는 하나님의 종의 생애에서 중보기도가 갖는 의미와 그 능력의 탁월한 실례를 보게 됩니다.

하나님이 모세를 이스라엘의 지도자로 부르시자 그는 백성에게 무슨 말을 해야 할지 하나님께 물었습니다(출 3:11-13). 그리고 하나님께 자기의 연약함을 고백하며 자기의 사명을 면제해 달라고 간구했습니다

(4:1-13). 노역의 부담이 계속 가중된 연고로 백성들이 힐난하자, 모세는 하나님께 기도를 드렸고(5:22) 자기의 모든 염려를 고했습니다(6:12).

바로가 여러 번 모세에게 자기를 위해 하나님께 간구해 줄 것을 요구했을 때, 모세는 이것을 하나님께 고했고 기도의 능력으로 그 재앙들이 멈추었습니다(8:8-9, 12, 28-31; 9:28-29, 33; 10:17-18). 우리는 이 구절들을 통해 모세의 사역과 하나님의 구속 사역에서 기도가 얼마나 실제적인 요소였는지 확실히 깨달게 됩니다.

홍해에서 모세는 백성들과 함께 기도를 드렸고 곧 응답을 받았습니다(14:15). 광야에서 백성들이 갈증으로 괴로워했을 때, 아말렉 족속들이 공격해 왔을 때, 백성들은 모세의 기도로 인해 구원을 얻었습니다(17:4, 11).

시내 광야에서 이스라엘 백성들이 금송아지를 만들었을 때, 전멸하지 않았던 것은 모세의 기도 때문이었습니다(32:11, 14). 백성들이 회복했던 것도 모세의 연이은 기도 덕분이었습니다(31절). 또한 하나님이 계속 백성들과 함께하겠다고 언약하신 것(33:17)과 하나님의 영광이 계시되었던 것도 모세의 기도 때문이었습니다(19절). 그리고 이전에 이미 받은 언약이지만, 반복된 기도를 통해 그것을 다시금 확인할 수 있었습니다(34: 9-10).

신명기에는 이러한 내용들이 탁월하게 요약되어 있습니다(9:18-20, 26). 모세는 한 가지 일로도 사십 주야를 하나님 앞에 엎드려 있을 만큼 간절했습니다[9:25; 10:10]. 민수기에는 모세가 기도를 드리자 여호와의 불이 꺼지고[11:2], 백성들이 고기를 얻으며[11, 18절], 미리암의 병이 낫고[12:13], 백성들이 약속의 땅으로 들어가기를 거부했을 때 그들이 재차 구원받은 사건[14:17-20]이 기록되어 있습니다. 또한 모세가 기도를 드리자 고라에게 심판이 임했고[16:15], 하나님이 온 회중을 멸하려 하셨을 때도 모세와 아론의 기도로 인해 죄사함을 얻었습니다[46절]. 이뿐 아니라, 모세가 기도를 드리자 바위에서 물이 솟아나왔고[20:6], 또 기도의 응답으로 놋뱀을 받았습니다[21:7]. 그리고 판단을 내리기 어려운 사안에 대해서 하나님의 뜻을 알 수 있었고[27:5], 모세의 계승자로 여호수아를 정할 수 있었습니다[16절].

우리는 이 모든 사례들을 살펴봄으로써, 백성들을 인도하는 하나님의 종의 생애에서 기도가 얼마나 중요한지 깨닫게 됩니다. 모세는 기도 생활의 살아 있는 모범입니다. 이를 통해 우리는 다음과 같은 교훈을 얻게 됩니다.

1. 모세는 하나님께 헌신했습니다. 그는 하나님의 영광과 뜻을 위해 고군분투했고, 하나님을 저버리는 불신앙을 용서하지 않았습니다.

2. 모세는 자기 백성들에게 헌신했습니다. 그는 백성들을 구원하기 위해서라면 언제든지 희생할 준비가 되어 있었습니다.

3. 모세는 하늘에 계신 하나님과 땅에 있는 백성들 사이의 중보

자, 즉 의사 전달과 축복의 매개자가 되는 거룩한 소명을 인식하고 있었습니다. 헌신된 중보자는 하나님이 귀 기울여 주시기를 바랍니다.

4. 하나님은 어떤 한 사람의 기도에 응답하시면서 그를 의지하는 주위 사람들도 구원하고 축복하시며, 일을 행하기도 하십니다. 하나님의 통치 계획에는 기도가 중요한 요소를 차지합니다. 이 땅에서 필요한 생명과 능력과 축복이 천국에는 가득합니다. 기도는 축복을 지상으로 내려오게 하는 능력입니다.

5. 기도는 영적 생활의 지침입니다. 기도의 능력은 우리와 하나님과의 관계, 우리가 이 땅에서 그분의 대리인이라는 인식에서부터 생겨납니다. 하나님은 그분의 일을 우리에게 의탁하십니다. 우리가 하나님 나라를 위해 온전히 헌신할수록, 그분이 우리의 기도를 들으신다는 확신도 더 분명해질 것입니다.

모세에게 하나님은 어떤 분이십니까? 하나님은 모세를 백성의 지도자로 세우셨고, 모세는 하나님께 전적으로 헌신했습니다. 그리고 하나님은 모세와 항상 함께할 것을 약속하시고 그가 기도할 때마다 늘 도와주셨습니다.

어떻게 해야 우리도 모세처럼 기도할 수 있을까요? 우리의 의지적인 행위로는 이러한 은혜를 맛볼 수 없습니다. 우리가 배워야 할 첫 번째 교훈은 우리 자신이 얼마나 무능력한가를 깨닫는 것입니다. 그러면 하나님의 은혜가 우리 안에서 서서히 나타날 것입니다. 우리가 그러한 훈련에 전념하기만 한다면 말입니다. 훈련은 점진적으로 이루어집니다. 하지만 우리는 당장 이러한 삶에 자신을 헌신하기로 결심하며 올바른 입장을 취할 수 있습니다. 우리는 지금 하나님의 은혜를 세상으로 보내는 통로가 되기로 결심해야 합니다. 우리는 그 첫걸음을 떼야 합니다. 지금 당장 신중하게 이것을 고려해 보십시오. 그런 후에 우리는 이 신성한 직분을 받아들이고, 중보기도의 사명을 감당해야 합니다.

일주일 정도 시간을 내어 모세의 삶에서 배울 수 있는 진리들을 확실하게 붙잡으십시오. 음악 선생님이 음계 연습을 강조하듯이, 우리는 이 일차적인 교훈들을 철저하게 익히고 적용하는 데 최선을 다해야 합니다.

하나님은 세상을 축복하는 데 헌신할 사람들을 찾으십니다. 그러므로 우리는 이렇게 대답할 수 있어야 합니다. "주님, 제가 여기 있습니다. 그 일을 성취하기 위해서라면 제 생명이라도 기꺼이 드리겠습니다." 우리는 믿음을 연마하여 다음과 같은 단순한 진리를 확고하게 받아들여야 합니다. '하나님은 우리의 기도를 들으십니다. 그리고 그 기도에 응답하십니다.'

우리는 하나님께 헌신하는 만큼 세상 사람들에게도 온전히 헌신해야 합니다. 눈을 떠서 멸망으로 치닫는 세상의 필요를 바라보아야 합니다. 그리스도 안에서 그리고 성령님이 주시는 능력 안에서 우리가 담

당해야 할 직분을 받아들여야 합니다. 그리고 중보기도의 사명을 훈련

해 나가야 합니다.

6. 하나님의 사람, 모세

하나님의 사람, 이 얼마나 영광스러운 이름입니까! 하나님의 사람은 하나님께로부터 나서 그분이 친히 선택하여 보내신 사람을 말합니다. 그는 하나님과 동행하는 사람입니다. 하나님과 날마다 친밀한 교제를 하고 그분이 함께하신다는 증거가 늘 명백합니다. 그는 하나님과 그분의 뜻을 추구합니다. 그의 존재는 하나님의 영광으로 충만합니다. 또한 다른 사람들에게 끊임없이 하나님에 관한 생각을 하도록 도전합니다. 하나님은 그의 전부이며, 그의 유일한 소망은 하나님이 세계 만민 가운데 높임을 받으시는 것입니다.

세상은 바로 이런 하나님의 사람들을 원합니다. 그리고 하나님도 이런 사람들을 찾고 계십니다. 하나님은 이런 사람들에게 그분의 영을 부어 주십니다. 그리고 그들을 세상으로 보내 다른 사람들도 하나님을 알게 하십니다. 모세는 바로 그런 사람들 가운데 하나였습니다. 그래서 사람들은 모세를 하나님의 사람이라고 불렀습니다. 하나님의 종들은 하나님이 어떤 분이시며, 그분이 요구하시는 사람은 어떤 사람인가를 생생하게 보여 주는 산 증인이 되도록 노력해야 합니다.

앞 장에서, 우리는 하나님과의 교제가 인간의 목적이고, 우리가 받은 매일의 특권임을 살펴보았습니다. 그리고 이것이 아침 경건 시간의 일차적인 관심이라는 것도 살펴보았습니다. 이것은 주로 우리의 개인적인 필요 그리고 주위 사람들에게 영향을 끼칠 수 있는 경건하고 복된 삶의 능력에 관한 내용입니다. '하나님의 사람, 모세' 라는 명칭처럼 모세는 하나님과 매우 친밀했으며, 이를 통해 우리는 더 깊은 교훈을 얻을 수 있습니다. 하나님이 우리와 함께하신다는 사실을 사람들이 인식할 뿐만 아니라, 우리를 '하나님의 사람' 이라고 인정하게 될 때, 우리는 공적인 생활에서도 그리스도인으로 살게 될 것입니다.

이들은 세상에도 필요하고, 하나님께도 필요한 사람들입니다. 왜 그렇습니까? 세상이 죄 때문에 하나님과 멀어졌으며 그리스도 안에서 세상이 하나님을 위하여 구속을 받았기 때문입니다. 또한 그분의 생명과 영과 능력이 생생하게 살아 움직이는 하나님의 사람들을 통하지 않고서는 하나님이 세상 사람들에게 참된 인간상을 보여줄 수가 없고 그들을 깨우치거나 도와줄 수 없기 때문입니다.

인간으로 말미암아 일하시며 자기의 영광을 드러내시는 하나님을 위해 인간은 창조되었습니다. 하나님은 인간의 전부가 되기로 작정하셨습니다. 하나님의 내주하심은 진실되고 불가사의한 만큼 또한 당연하고 기쁜 일이 되어야 합니다. 그리스도가 인간의 마음에 성령을 보내심으로써 구속을 완수하셨을 때, 이러한 내주하심은 다시 회복되었습니다. 그리고 우리는 하나님이 거하시는 전으로 다시 회복되었습니다. 그러므로 사람 안에서 일하시는 능력이 되실 뿐만 아니라 함께 거하시는 하나님이신(요 14:16, 20, 23; 요일 4장) 성령님께 자신을 온전히 바치는 사람은 하나님의 사람이 될 것입니다!

바울은 거룩한 성경의 능력으로 말미암아 '하나님의 사람으로 온전하게' 된다고 말했습니다. 이것은 어떤 면에서 인간의 삶이 불완전하기 때문에 완전하게 되어야 함을 말해 주는 것입니다. "모든 성경은 하나님의 감동으로 된 것으로 교훈과 책망과 바르게 함과 의로 교육하기에 유익하니 이는 하나님의 사람으로 온전하게 하며 모든 선한 일을 행할 능력을 갖추게 하려 함이라"(딤후 3:16-17). 이 말씀은 개인 성경 공부를 하는 주된 시간, 즉 아침 경건 시간으로 우리를 이끌어 줍니다. 삶의 모습을 온전히 드러내고 새롭게 변화시키는 하나님의 교훈과 책망과 바르게 함과 의로 교육함에 우리의 마음과 생명을 바친다면, 우리는 직접 가르치시는 하나님과 온전히 교제하게 될 것입니다. 그래서 결국 '하나님의 사람으로 온전하게 하며 모든 선한 일을 행할 능력을 갖추게' 될 것입니다.

우리가 모두 하나님의 사람이 되는 은혜를 맛본다면 얼마나 좋겠습니까! 하나님의 사람은 다음 세 가지 사실을 알고 증명하는 사람입니다. '하나님이 모든 것이 되신다.' '하나님은 모든 것을 요구하신다.' '하나님이 모든 것을 하신다.' 하나님의 사람은 하나님이 지으신 우주와 인간들에게서 그분이 최고의 위치를 차지해야 한다는 것을 아는 사람입니다. 그는 하나님이 모든 것을 요구하시며 모든 것을 소유하셔야 한다는 사실을 이해하는 사람, 즉 하나님께 합당한 영광을 돌리며 사는 사람입니다. 그는 말씀을 주시고 일을 행하시는 하늘 아버지를 끊임없이 끝까지 의지하는 사람, 다시 말해서 하나님의 아들이신 예수 그리스도처럼 살아가는 사람입니다.

하나님의 사람이 되기를 추구하십시오! 아침 경건 시간으로 하루를 시작하며 하나님을 당신의 전부로 삼으십시오. 사람들을 하나님께로 인도하고 하나님을 사람들에게로 인도하여, 하나님이 교회와 세상에서 합당한 위치에 계시도록 하는 일에 삶을 바치십시오.

사마리아의 오십부장이 산 꼭대기에 앉아 있는 엘리야에게 내려오라고 명했을 때, 엘리야는 "내가 만일 하나님의 사람이면 불이 하늘에서 내려와"^(왕하 1:10)라고 대답했습니다. 참 되신 하나님은 불로써 그의 기도에 응답하셨습니다. 진정한 하나님의 사람은 하늘의 하나님과 함께하기 때문에 불을 내려오게 하는 방법을 알고 있습니다. 그 불이 심판의 불이든지 성령의 불이든지 하나님의 사람의 임무는 불을 땅으로 내려오게 하는 것입니다. 세상은 하나님의 능력을 알고 그분과 함께하는 능력을 지닌 하나님의 사람을 원합니다.

매일의 은밀한 기도 습관을 통해 우리는 하나님의 능력과 함께 그분과 동행하는 우리의 능력을 깨닫게 됩니다. 하나님의 사람이 된다는 것이 무엇인지 배우십시오! 모세와 마찬가지로 엘리야에게도 그것은 다른 모든 관심으로부터의 분리, 하나님의 영광과 혼연일체를 이룸, 세상의 사람이 아닌 하나님의 사람이 된다는 것을 의미했습니다.

이 모든 일이 각오했던 것보다 더 심각한 긴장과 희생, 괴로움과 위험을 불러오면 어쩌나 하는 부담감을 느끼는 사람도 있을지 모릅니다. 그러나 이것은 하나님의 요구가 얼마나 절대적인가, 여기에 전념한다는 것이 얼마나 복된 일인가, 하나님이 우리 안에서 이 일을 어떻게 이루어 주실 것인가를 바로 깨닫지 못했을 때 생기는 염려일 뿐입니다.

이제 다시 한 번 기도의 사람이자 말씀의 사람인 모세를 보십시오. 기도와 말씀에 전념한 모세가 어떻게 하나님의 사람으로 변화되었는지 주의 깊게 보십시오. 이와 같은 관점으로, 즉 우리가 하나님의 말

씀을 듣는 일과 하나님이 우리의 기도를 들으시는 일 사이의 조화를 생
각하면서 엘리야의 생애도 연구해 보십시오. 그러면 하나님의 은혜로
말미암아 하나님의 사람이 되는 것과 하나님의 사람으로 사는 일이 가
능해질 것입니다.

7. 하나님 말씀의 능력

상대방에 대해서 얼마나 알고 있는지에 따라 그의 말에 대한 가치 평가도 달라집니다. 누군가 "내 소유의 반을 당신에게 주겠다"라고 말했을 때, 그의 재산 규모에 따라 그 말의 차이는 엄청납니다. 그러므로 성경 공부의 첫 번째 전제 조건은 전능하신 하나님과 그분의 말씀의 능력에 대해 아는 것입니다.

하나님의 말씀에서 나오는 능력은 무한합니다. "여호와의 말씀으로 하늘이 지음이 되었으며 … 그가 말씀하시매 이루어졌으며 명령하시매 견고히 섰도다"(시 33:6, 9). 하나님의 전능하심은 그 말씀대로 이루어지는 것에 있습니다. 하나님의 말씀은 창조의 능력이 있으며 그 말씀은 반드시 이루어집니다.

살아 계신 하나님의 말씀은 생명을 줍니다. 하나님의 말씀은 생명을 낳을 뿐만 아니라, 심지어는 죽은 자까지도 살립니다. 하나님의 말씀은 죽은 자를 일으키며, 죽은 영혼들에게 영생을 줍니다. 영적인 생명은 하나님의 말씀에서 나옵니다. 우리는 살아 있고 영원한 하나님의 말씀으로 말미암아 썩지 아니할 씨로 거듭날 것입니다.

하나님 말씀의 축복을 받아들이는 가장 심오한 비결은 다음과 같습니다. 그것은 바로 말씀의 창조적이고 소생시키는 능력에 대한 믿음, 즉 말씀이 명령하거나 약속한 모든 일이 우리 안에서 이루어질 것이라는 믿음입니다. 하나님의 말씀은 믿는 자 속에서 역사하십니다. 우리가 성령을 통해 그분의 말씀을 마음속에 받아들일 때, 이 말씀의 능력에 저항할 수 있는 것은 아무것도 없습니다. 주님의 말씀에는 능력이 있습니다. 모든 것은 하나님의 말씀을 마음속으로 받아들이는 방법을 터득하는 데 달려 있습니다. 무엇보다도 우리는 살아 있고 전능하며 창조적인 말씀의 능력을 신뢰하는 믿음을 발휘해야 합니다.

하나님은 그분의 말씀으로 "없는 것을 있는 것으로 부르시는"(롬 4:17) 분입니다. 창조에서부터 죽은 자의 부활에 이르기까지 전능하신 하나님이 행하신 모든 일들 가운데서 이러한 교훈이 진실이듯이, 그분의 거룩한 책에 기록된 모든 말씀도 진실입니다. 그런데 이러한 진리를 받아들이지 못하게 막는 두 가지 장애물이 있습니다. 그 첫 번째 장애물은 인간의 지혜나 불신 혹은 세상 풍속으로 말미암아 하나님의 말씀을 무능력하게 만들어 버리는 두려운 경험들입니다. 두 번째 장애물은 씨의 형태로 존재하는 성경의 교훈을 거부하는 것입니다. 씨는 작고, 오랫동안 잠복해 있으며, 보이지 않게 감춰져 있고, 싹이 난 후에도 느릿느릿 성장합니다. 하나님의 말씀도 감춰져 있고, 눈에 띄지 않으며, 성장이 느리고 겉으로 보기에 매우 미약한 것 같습니다. 하지만 우리는 하나님의 말씀을 가장 중요한 교훈으로 받아들여야 합니다. '내가 공부하는 성경 말씀은 구원에 이르게 하는 하나님의 능력이다. 이 말씀은 내게 필요한 모든 것, 하늘에 계신 아버지가 요구하시는 모든 것을 내 속에서 이룰 것이다.' 이러한 믿음을 갖게 된다면, 우리의 영적 생활은 얼마나 달라지겠습니까! 하나님이 은혜로 주시는 모든 보화와 축복이 우리 손이 닿을 수 있는 곳에 있다는 사실을 깨닫게 될 것입니다.

말씀은 우리의 어둠을 밝혀 줍니다. 말씀은 하나님의 빛과 우리를 사랑하시는 하나님의 마음과 하나님의 뜻에 관한 지식을 우리 마음에 심어 줍니다. 말씀은 모든 적을 이길 수 있고 하나님이 우리에게 요구하시는 일이라면 무엇이든지 할 수 있는 능력과 용기를 우리에게 가득 채워 줍니다. 말씀은 믿음과 순종을 정화하고 거룩하게 하며 더욱 증진시킵니다. 그리하여 우리 안에서 주님의 모든 인격적인 속성의 씨가 됩니다. 말씀으로 말미암아 성령은 우리를 진리 가운데로 인도하실 수 있습니다. 다시 말해서, 성령은 말씀 안에 있는 모든 것을 우리 안에 실현시킬 수 있습니다. 성령은 하늘 아버지와 아들의 거하실 처소가 되도록 우리 마음을 준비시키십니다.

이러한 단순한 진리를 진심으로 받아들인다면, 하나님의 말씀과 아침 경건 시간을 대하는 우리의 태도가 얼마나 달라지겠습니까! 이제 모든 신자들이 마땅히 실천해야 할 말씀에 대한 이러한 사명을 충실히 감당할 수 있도록 먼저 스스로를 훈련하십시오. 이러한 목표를 추구하면서 위대한 믿음의 교훈, 즉 하나님의 말씀의 전능하심을 배우는 데 최선을 다하십시오. 왜냐하면 하나님이 바로 이것을 우리 속에서 실현시키실 것이기 때문입니다! 하나님의 말씀은 진리입니다. 우리가 이러한 말씀의 능력을 깨닫기 위해서는 많은 것을 배우고 극복해야 하며 또한 포기해야 할 것입니다. 이것은 오직 하나님의 말씀이 약속한 모든 축복을 다 이룰 수 있을 만큼 전능한 능력을 지녔다는 것을 굳게 믿으면서 성경 공부에 임할 때에만 가능한 일입니다.

  자연계에서 씨만큼이나 하나님 말씀의 의미를 진실되고 충실하
게 보여 주는 예를 찾아보기 어렵습니다. 하나님의 말씀과 씨 사이의
유사성은 명백합니다. 외관상 씨는 하찮아 보입니다. 씨에서 자라난 나
무와 비교해 볼 때 씨앗은 너무나 작습니다. 그러나 씨는 생명을 지니
고 있습니다. 그 생명은 껍질 속에 감춰져 있고 잠복해 있습니다. 씨가
자라려면 기름진 토양이 필요합니다. 씨는 느리게 성장합니다. 그래서

농부는 오랫동안 기다립니다. 마침내 씨는 열매를 맺습니다. 씨는 열매를 냄으로 증식하고 재생산을 합니다. 이처럼 씨는 우리가 하나님의 말씀을 적용하는 데 귀중한 교훈들을 알려 줍니다.

먼저, 씨는 우리에게 믿음의 교훈을 가르쳐 줍니다. 믿음은 외형을 보지 않습니다. 하나님의 말씀이 영혼에 생명을 주고, 기록된 대로 그 은혜를 우리 안에서 이루며, 우리의 전인격을 변화시키고, 우리에게 충만한 능력을 준다는 사실이 인간적으로는 전혀 믿기지 않을 것입니다. 그러나 하나님의 말씀은 실제로 이러한 일을 합니다. 그리고 하나님의 말씀이 진리, 곧 말씀이 증거한 바로 그 진리를 실현할 수 있다는 사실을 믿게 된다면 우리는 성경 공부의 비결 가운데 한 가지를 터득한 셈입니다. 그제서야 비로소 우리는 각 말씀을 하나님의 언약과 능력으로 받아들일 수 있습니다.

다음은 노력의 교훈입니다. 농부는 씨를 모으고 간직했다가 그것을 토양에 뿌립니다. 이와 마찬가지로 우리의 정신은 우리의 필요를 충족시켜 주는 성경 말씀을 모으고 이해하며 천국의 씨가 자라날 수 있는 유일한 토양인 마음으로 전달합니다. 인간은 생명을 주거나 그것을 성장시킬 수 없습니다. 생명과 성장은 씨에 내재되어 있습니다. 그러므로 우리는 위로부터 내려오는 햇볕, 곧 은혜를 기다리면서 마음에 말씀을 간직해 두기만 하면 됩니다.

씨는 우리에게 인내의 교훈도 가르쳐 줍니다. 말씀의 효과는 대부분 즉각적으로 나타나지 않습니다. 씨가 뿌리를 내리고 성장하는 데 시간이 필요하듯, 그리스도의 말씀은 우리 안에 오랫동안 머물러 있어야 합니다. 곳간에 낱알을 모으듯이 날마다 성경 지식을 차곡차곡 쌓아가야 합니다. 그뿐만 아니라, 계명이나 약속들을 굳게 지키고, 뿌리와 가지가 잘 뻗어나갈 수 있도록 우리의 마음속에 이것들을 잘 보관해야 합니다. 우리는 무슨 씨를 뿌려야 하는지 알아야 하고, 조심스럽고 참을성 있게 기다릴 줄도 알아야 합니다. 조급한 마음으로 포기하지만 않는다면 머지않아 열매를 보게 될 것입니다.

마지막으로 씨가 가르쳐 주는 교훈은 결실에 대한 교훈입니다. 하나님 말씀의 씨가 아무리 작고 무의미해 보이고, 생명이 미약하며, 의미가 깊숙이 감춰져 있고, 느리게 성장할지라도, 열매는 반드시 맺힐 것입니다. 말씀이 내포하고 있는 그 진리, 생명, 하나님의 능력 또한 우리 안에서 자라나 열매를 맺을 것입니다. 씨가 열매를 내고, 또한 그 열매는 다시 우리가 다른 사람들에게 부여하는 씨가 될 것이고, 이것은 생명과 축복을 가져올 것입니다.

말씀뿐만 아니라 '천국'도 씨와 같습니다. 천국의 모든 은혜는 거듭난 자의 심령에 감춰진 씨처럼 찾아옵니다. 그리스도와 성령도 씨와 같습니다. 마음속에서 빛을 발하는 하나님의 사랑도 씨입니다. 우리 안에서 역사하는 '능력의 지극히 크심'도 씨입니다. 생명은 마음속에 감춰져 있습니다. 그리고 그 생명의 능력이 즉각적으로 혹은 항상 느껴지는 것은 아닙니다. 하나님의 영광 또한 감춰져 있습니다. 이것은 형태도 없고 아름다운 외형도 없으며, 오직 믿음으로만 감지될 뿐입니다. 우리가 감지하지 못할지라도 이것은 존재하고 활동하며 마침내 싹이 터서 자라나기를 기다립니다.

이와 같은 핵심 진리가 이 땅에서 거룩한 삶의 법칙으로 굳게 서게 될 때 비로소 하나님의 말씀을 연구하는 것이 살아 계신 하나님께 대한 믿음, 순종, 의지의 행동으로 나타나게 될 것입니다. 우리는 겸손한 마음으로 말씀 속에 내재해 있는 거룩한 씨를 믿어야 합니다. 우리는 말씀을 이루시는 하나님의 능력을 믿고 경험해야 합니다. 그리고 온 마음을 다해 이러한 거룩한 씨를 받아들이는 데 전념해야 합니다. 우리의 구하는 것이나 생각하는 것 이상으로 넘치게 채워 주실 것을 믿고 의지하면서 하나님을 섬겨야 합니다.

9.
순종과 지식

매우 열성적인 그리스도인에게서 편지를 받은 적이 있습니다. 그 사람은 내게 성경 공부를 하는 데 도움이 될 만한 비결을 알려 달라고 요청했습니다. 그 편지를 읽고 나서 처음에는 이미 이러한 주제에 관한 설교와 도서가 많기 때문에, 내가 말할 수 있는 것보다 더 뛰어난 내용들을 그가 알 것이라고 생각했었습니다. 그러나 나는 곧 주위 사람들과의 경험을 미루어 볼 때 이 중요한 주제를 가르쳐야 한다는 사실을 깨달았습니다.

다음 내용들은 내게 "성경 공부를 시작하고 그것을 지속할 수 있는 비결들을 가르쳐 주십시오. 제가 성경을 잘 깨달을 수 있도록 말입니다"고 부탁했던 그 젊은 그리스도인에게 보내는 일종의 답장입니다.

성경 공부에서 무엇보다 중요한 사실은 당신이 어떤 정신으로 그것에 접근하는가, 다시 말해서 당신이 세운 목표에 달려 있습니다. 사람들은 자신이 세운 목표에 지배를 받으며 그것에 좌우됩니다. 성경 공부도 예외는 아닙니다. 당신의 목표가 단순히 성경 지식을 잘 터득하는 것이라면, 당신은 실망하게 될 것입니다. 그리고 성경에 대한 지식이 축복을 가져올 것이라고 생각한다면, 그것도 큰 오산입니다. 어떤 사람에게 성경은 저주의 말씀입니다. 또한 성경이 그들을 거룩하게 하거나 행복하게 해 주지 않기 때문에 무력감을 느낄 수도 있습니다. 그리고 어떤 사람에게는 성경이 그들을 소생시켜 주거나 고양시켜 주는 대신 오히려 낙담시키기 때문에 짐이 됩니다.

그러면 성경 공부의 참된 목적은 무엇입니까? 하나님의 말씀은 하늘의 양식입니다. 성경 공부를 하려면 의에 대한 큰 굶주림, 곧 하나님의 모든 뜻을 행하려는 큰 갈망이 있어야 합니다. 그러므로 성경 공부의 첫 번째 조건은, 하나님의 길로 행하고자 하는 간절한 소원입니다. 이 장의 서두에 나오는 성경 본문도 이러한 사실을 가르쳐 주지 않습니까? "하나님의 말씀을 듣고 지키는 자가 복이 있느니라." 순종하지 않는다면, 말씀은 아무 소용이 없습니다. "사람이 하나님의 뜻을 행하려 하면 이 교훈이 하나님께로부터 왔는지 내가 스스로 말함인지 알리라." 하나님 말씀을 대할 때는 지식으로가 아니라 일차적으로 순종하려는 의지가 있느냐가 중요합니다. 하나님은 말씀에 순종하기로 결단한 사람들에게 말씀의 참된 의미를 알려 주시고 복을 내려 주십니다. 우리는 다음 한 가지 목적을 가지고 성경을 읽어야 합니다. "그분이 무엇을 말씀하시든지 그대로 행할 것이다."

우리가 말씀의 의미를 바로 깨닫는다면, 이러한 사실을 더욱 쉽게 이해할 수 있을 것입니다. 말씀은 뜻과 행위 사이에 존재합니다. 어떤 사람이 당신을 위해서 무엇인가를 해줄 뜻을 품었다고 가정해 봅시다. 그는 그 일을 시행하기 전에 먼저 자기의 생각이나 의도를 말로 설명할 것입니다. 그후에 자신이 약속한 것을 이행함으로써, 그 말을 실천에 옮길 것입니다. 하나님도 그렇게 하십니다.

하나님의 말씀의 가치는 그분의 행위에서 비롯됩니다. 하나님은 말씀으로 세상을 창조하셨습니다. 이처럼 하나님의 말씀에는 능력이 있습니다. 하나님은 말씀하신 것을 은혜 안에서 행하십니다. 다윗은 "여호와 하나님이여 이제 주의 종과 종의 집에 대하여 말씀하신 것을 영원히 세우셨사오며 말씀하신 대로 행하사"(삼하 7:25)라고 기도했습니다. 솔로몬은 성전을 봉헌할 때 이렇게 말했습니다. "여호와께서 그의 입으로 내 아버지 다윗에게 말씀하신 것을 이제 그의 손으로 이루셨도다 … 이제 여호와께서 말씀하신 대로 이루셨도다 … 주께서 주의 종 내 아버지 다윗에게 허락하신 말씀을 지키시되 주의 입으로 말씀하신 것을 손으로 이루심이 오늘날과 같으니이다 … 주는 주의 종 다윗에게 하신 말씀이 확실하게 하옵소서"(대하 6:4, 10, 15, 17). 하나님은 선지자들을 통해 "나 여호와가 말하노니 내가 말한 대로 그것을 이루리라"고 말씀하셨습니다. 그리고 선지자들은 "당신이 말씀하신 대로 이루어지이다"고 대답했습니다. 하나님의 약속이 참 되고 가치 있는 것은 그분이 그것을 이루시기 때문입니다. 하나님의 약속의 말씀은 한 치의 오차도 없이 이루어집니다.

이러한 사실은 하나님이 우리에게 힘써 순종하라고 주신 그분의 계명에 있어서도 마찬가지입니다. 우리가 그분의 계명들에 순종하지 않는다면, 다시 말해서 우리가 그분의 계명들을 알고 싶어하고 그것들의 아름다움에 감탄하고 그것들의 지혜를 칭송하면서도 그 말씀에 순종하지 않는다면, 이것은 자기를 기만하는 것입니다. 우리는 마땅히 하나님의 계명을 지켜야 합니다. 그 말씀을 지킬 때 비로소 우리는 그 말씀의 참 의미와 축복을 깨달을 수 있습니다. 순종할 때에만 거룩한 삶에서 참다운 진보를 나타낼 수 있습니다. "주께 합당하게 행하여 범사에 기쁘시게 하고 모든 선한 일에 열매를 맺게 하시며(이것이 첫 번째이고, 그런 연후에) 하나님을 아는 것에 자라게 하시고"(골 1:10). 우리가 하나님이 의도하신 목적, 곧 말씀대로 행하겠다는 목적을 가지고 하나님의 말씀을 대할 때에만 축복의 희망을 품을 수 있습니다.

이와 같은 사실은 지식을 쌓거나 기술을 익히는 데도 적용됩니다. 학생이나 견습공은 배운 것을 반드시 실행에 옮겨야 합니다. 그렇게 해야만 더 높은 수준의 가르침을 받을 수 있습니다. 그리스도인의 삶도 마찬가지입니다. 신자가 하나님의 목적을 무시한 채로 성경을 연구한다면, 성경 공부는 그에게 이론일 따름이고 정신과 상상의 즐거운 유희일 뿐이며, 참된 거룩함을 이루고 그리스도를 닮아가는 데는 전혀 무익할 것입니다. 성경 공부의 참뜻을 이루려면 하나님이 "분부한 모든 것을 지켜 행하라"고 말씀하시는 것을 실천해야 합니다.

이것은 또한 옛 선조들의 특징이기도 합니다. 모세는 주님이 명하시는 것을 그대로 행했습니다. 그리고 다윗은 하나님의 마음에 합한 사람으로 그분의 뜻을 다 행했습니다. 시편 119편을 보면, 다윗이 주의 말씀에 관해 하나님과 대화하며, 거룩한 빛과 교훈을 구하는 기도를 올립니다. 다윗의 기도에는 순종의 서약이나 사랑과 기쁨의 표현이 늘 나옵니다. 심지어 예수님도 하나님의 뜻에 순종함으로써 하나님의 사랑과 마음을 얻습니다.

무디(D. L. Moody)가 저술한 『성경 공부의 기쁨과 유익』(Pleasure and Profit in Bible Study, 크리스챤다이제스트)을 읽으면서 나는 이 책을 읽는 많은 사람들이 큰 도움을 받을 것이라고 생각했습니다. 그러나 무디가 성경을 대할 때 가졌던 마음 없이, 다시 말해서 하나님이 원하시는 일이라면 무엇이든지 하겠다는 진실한 열망 없이 성경을 대한다면, 그들은 분명 실망할 것입니다.

하나님의 은혜 안에서 젊은 그리스도인들에게 부탁합니다. 하나님께 보배로운 말씀으로 그리스도가 거하시는 아름다운 성으로 인도해 달라고 기도를 드릴 때, 먼저 '자신을 산 제사로 드리고' 하나님이 말씀하시는 것이라면 무엇이든지 행하겠다는 마음을 품으십시오. 이것을 당연한 일로 여기지 마십시오. 이것은 당신이 알고 있는 것보다 훨씬 더 중요한 문제입니다. 성경 공부를 할 때, 우리는 일반적으로 이러한 태도에서 많이 벗어나곤 합니다. 겸손한 마음으로 이것을 추구하십시오. 하늘 양식을 맛보려면, 갈망이 있어야 합니다. 성경 공부의 우선 조건은 하나님이 당신에게 원하시는 뜻을 발견하려는 단순하고 확고한 열망, 그리고 그것을 행하고자 하는 결연한 의지입니다. 사람이 하나님의 뜻을 행하려 하면 하나님의 말씀이 그에게 밝히 드러날 것입니다.

10. 행하는 자의 복

성경 말씀을 듣기는 좋아하지만 '행하지' 않는다면 그것은 자기 기만입니다. 많은 그리스도인들이 하나님의 말씀을 정기적으로 열심히 듣기는 하지만, 그 말씀대로 살지는 않습니다. 만약 고용인들이 듣기만 하고 실천하지 않는다면 그들의 고용주는 분명히 노발대발할 것입니다. 매일 말씀을 읽지만 전혀 행하지 않으면서도, 이런 자기기만의 사실조차 깨닫지 못하는 사람들이 많습니다. 그렇다면 이러한 기만의 이

유는 무엇입니까?

그 첫 번째 원인은, 사람들이 종교 활동을 하거나 예배를 드리면서 경험하는 '듣는 기쁨' 을 잘못 알고 있는 데서 비롯됩니다. 우리의 정신은 명쾌하게 제시된 진리를 기뻐합니다. 우리의 상상도 진리의 여러 예증들에서 만족을 얻습니다. 그리고 우리의 감정은 진리를 적용해 보는 데서 한껏 고양됩니다. 활발하게 움직이는 정신은 지식을 제공받으면 기뻐합니다. 실제로 적용하려는 의지가 전혀 없는 상태에서도, 사람은 단지 지식이 주는 기쁨만을 위해서 과학의 한 분야를 연구할 수 있습니다. 이와 같이 사람들도 교회에 가서 설교 듣기를 즐기지만, 하나님이 요구하시는 것은 행하지 않을 수 있습니다. 회개하지 않은 사람과 회개한 사람이 똑같이 죄를 짓고 그것을 고백하고, 또 다시 죄를 지으면서도 만족하며 살고 있습니다.

이러한 기만의 두 번째 원인은, 우리가 선한 일을 행하는 데 무력하다는 말씀을 잘못 이해한 데서 비롯됩니다. 사람들은 우리가 그리스도의 은혜로 말미암아 순종할 수 있고, 죄에서 벗어날 수 있으며, 거룩해질 수 있다는 사실을 온전히 신뢰하지 못합니다. 사실, 사람들은 죄를 피할 수 없는 운명처럼 생각합니다. 하나님이 인간의 무능력함을 잘 알고 계시기 때문에, 인간에게 엄격한 순종을 기대하실 수 없다고 생각하는 것입니다. 이러한 오해는 하나님이 말씀하신 것을 행하려는 인간의 결심을 뿌리째 잘라 버립니다. 결국 이러한 오해로 말미암아 하나님의 은혜 가운데 진지하게 믿으면서 경험하려는 열망을 잃게 됩니다. 또한 늘 죄에 빠져 있으면서도 자족할 수밖에 없습니다. 듣고 행하지 않는 것, 이것은 너무나 두려운 자기자만입니다.

자기기만의 세 번째 원인은, 특별히 개인적인 성경 읽기와 관련된 것으로 성경 말씀을 듣거나 읽는 것을 어떤 의무, 즉 신앙적인 공헌으로 여기는 데서 비롯됩니다. 아침에 말씀 보는 시간을 5-10분 정도 갖습니다. 우리는 집중해서 말씀을 읽고, 그 내용을 이해하려고 노력합니다. 그리고 이러한 의무를 충실히 행함으로써 양심의 편안함과 만족감을 얻습니다. 하지만 의무감 때문에 말씀을 읽는 것은 무가치할 뿐만 아니라 오히려 마음을 무디게 합니다. 우리는 하나님이 말씀으로 명하신 것을 그대로 지키고 또한 말씀이 명하는 사람이 되도록 마음을 온전히 드려야 합니다. "너희는 도를 행하는 자가 되고 듣기만 하여 자신을 속이는 자가 되지 말라."

우리는 골방에서 보내는 시간, 즉 아침 경건 시간에 말씀 앞에서 자신을 기만하는 모습을 발견하고 이를 극복하기 위해 노력합니다. 이러한 노력은 도리어 정기적인 성경 읽기를 방해하고 우리가 이미 세워 놓은 말씀 읽기 계획을 망쳐버릴지도 모릅니다. 그러나 자기기만의 태도로 성경 말씀을 계속 읽기보다는 문제점을 찾아내고 극복하는 것이 더 낫습니다. 우리 주님은 이렇게 말씀하셨습니다. "사람이 하나님의 뜻을 행하려 하면 이 교훈이 하나님께로서 왔는지 내가 스스로 말함인지 알리라"(요 7:17). 하나님의 법을 기뻐하고 그것을 지키려는 의지가 있다면 그리스도의 교훈을 근본적으로 능력 있게 깨달을 수 있습니다. 순종하려는 의지가 없다면, 우리의 지식은 아무 유익이 없고 단지 머리로만 만족하는 지식일 뿐입니다. 인생에서, 학문과 예술에서, 사업에서 참된 지식을 얻을 수 있는 유일한 방법은 아는 것을 행하는 것뿐입니다. 행하지 않는다면 완전히 알 수도 없습니다.

하나님을 잘 알게 되고 그분이 주시는 복을 누릴 수 있는 유일한 방법은 오직 그분의 뜻을 행하는 것뿐입니다. 이것은 우리가 고백하는 하나님이 우리의 감상과 상상으로 만들어 낸 하나님인지, 아니면 만물을 통치하시는 살아 계시고 참 되신 하나님인지를 판가름해 줄 것입니다. 오직 그분의 뜻을 행함으로써만, 우리는 참 되신 하나님을 사랑하고 받아들이며 그분과 함께하고 있다는 사실을 증명할 수 있습니다. 그리고 우리가 이 세상에서 살아갈 때, 성경 말씀을 읽고 행함을 통해서만 그분과 연합할 수 있습니다. 듣기만 하고 행하지 않는 자기기만을 극복하려면, 고요한 골방에서 '하나님이 말씀하신 것은 무엇이든지 행하겠다'는 결심을 하고 그대로 행해야 합니다.

산상 수훈의 한 구절을 예로 들어서, 하나님의 말씀을 올바로 접근하는 방법을 살펴보겠습니다. 팔복(八福) 가운데 첫 번째 복, "심령이 가난한 자는 복이 있나니"(마 5:3)부터 시작해 볼까요? 먼저 자신에게 이렇게 물어보십시오. "이것은 무슨 의미인가? 나는 이 명령에 순종하고 있는가? 이러한 태도를 유지하기 위해 매일 최선을 다하는가? 나는 사모하는 마음으로 그리스도를 기다리고 그분에게 구하며, 그분이 내 안에서 이 일을 이루어 주실 것을 굳게 믿는가? 나는 심령이 가난한 자가 되라는 가르침을 실천에 옮길 것인가, 아니면 또 다시 듣기만 하고 행하지 않는 자가 될 것인가?"

우리는 팔복과 산상 수훈을 공부해 나가면서, 각 구절마다 "나는 이 의미를 알고 있는가? 그리고 이대로 실천하고 있는가?"라고 자문해야 합니다. 보통은 "나는 지금까지 이렇게 살지 않았고 그분의 말씀대로 행하지 않았다"는 결론에 도달하게 될 것입니다. 그래서 우리는 과거의 믿음과 행동에서 돌이켜야 함을 느끼고, '그분이 말씀하신 것은 무엇이든지 행하겠다' 는 결단이 성경 공부나 실생활에서 실제로 이행되었는지 재검토하게 될 것입니다.

이러한 자기 반성을 함으로써, 우리는 지금까지 한 번도 경험해 보지 못했던 심령의 가난함을 체험할 수 있습니다. 그리고 당신의 생명을 우리 안에 불어넣어 주시며 말씀하신 모든 것을 우리 안에서 친히 이루시는 그리스도의 필요성을 새롭게 인식하게 될 것입니다. 우리는 믿음으로 "내게 능력 주시는 자(그리스도) 안에서 내가 모든 것을 할 수 있다. 그분이 무슨 말씀을 하시든지 그대로 행할 것이다"고 말할 용기를 얻게 될 것입니다.

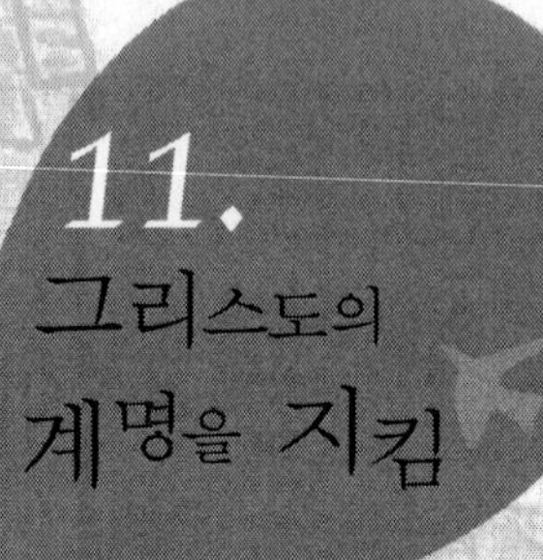

너희가 이것을 알고 행하면 복이 있으리라(요 13:17).

하나님의 말씀에 담긴 축복과 은총을 깨달을 수 있는 유일한 방법은 그 말씀에 순종하는 것입니다. 이것은 그리스도인의 삶뿐만 아니라 성경 공부에서도 가장 중요한 주제입니다. 이 장에서는 '그리스도의 계명을 지킴' 이라는 제목으로, 말씀에 대한 순종에 대해서 다시 한번 살펴보겠습니다.

예수님의 '고별 설교' 에는 이러한 주제가 잘 드러나 있습니다.

"너희가 나를 사랑하면 나의 계명을 지키리라 … 그(아버지)가 … 또 다른 보혜사를 너희에게 주사 …"(요 14:15, 16).

"나의 계명을 지키는 자라야 나를 사랑하는 자니 나를 사랑하는 자는 내 아버지께 사랑을 받을 것이요…"(21절).

"… 사람이 나를 사랑하면 내 말을 지키리니 내 아버지께서 그를 사랑하실 것이요…"(23절).

"너희가 내 안에 거하고 내 말이 너희 안에 거하면 무엇이든지 원하는 대로 구하라 그리하면 이루리라"(15:7).

"너희가 내가 명하는 대로 행하면 곧 나의 친구라"(14절).

이것들을 마음에 새기고 그리스도의 계명을 지키는 것이 영적 축복의 필수 불가결한 조건임을 확신해야 합니다. 이 구절들에는 성령의 강림, 성령의 내주, 하늘 아버지의 사랑을 누림, 그리스도의 임재, 아버지와 아들이 마음에 함께하심, 기도의 능력, 그리스도의 사랑 안에 거함, 그리스도의 친구 됨 등의 내용이 들어 있습니다. 이러한 은총을 매일 믿음으로 구하고 누리기 위해서는 무엇보다도 그분의 계명들을 지키려는 어린아이 같은 양심이 필요합니다. 또한 충실한 성경 공부를 하려면, 하나님의 모든 말씀과 함께 신령한 빛과 능력을 구해야 합니다. 하나님은 우리가 전적으로 순종할 태세를 갖추었는지를 살피십니다. 기쁘게 하나님의 뜻대로 행하는 것이야말로 우리가 하나님 아버지의 마음에 이르고, 아버지가 우리의 마음에 이를 수 있는 유일한 길입니다. 우리는 하나님이 말씀하신 계명을 지켜야 합니다. 이것이 모든 축복의 유일한 길입니다.

요한일서는 이 모든 진리를 명쾌하게 확증합니다. "우리가 그의 계명을 지키면 이로써 우리가 그를 아는 줄로 알 것이요 그를 아노라 하고 그의 계명을 지키지 아니하는 자는 거짓말하는 자요 진리가 그 속에 있지 아니하되 누구든지 그의 말씀을 지키는 자는 하나님의 사랑이 참으로 그 속에서 온전하게 되었나니 이로써 우리가 그의 안에 있는 줄을 아노라"(2:3-5). 우리 안에 하나님께 대한 참 되고 구원에 이르는 지식과 하나님의 사랑이 있으며, 신앙에도 자기기만의 요소가 없음을 보여주는 유일한 증거는 그분의 말씀을 지키는 것입니다.

"사랑하는 자들아 만일 우리 마음이 우리를 책망할 것이 없으면 하나님 앞에서 담대함을 얻고 무엇이든지 구하는 바를 그에게서 받나니 이는 우리가 그의 계명을 지키고 그 앞에서 기뻐하시는 것을 행함이라 ⋯ 그의 계명을 지키는 자는 주 안에 거하고 ⋯"(요일 3:21-22, 24). 계명을 지키는 것이 하나님 앞에서 담대함을 얻고 그분과 친밀하게 교제하는 비결입니다.

"하나님을 사랑하는 것은 이것이니 우리가 그의 계명들을 지키는 것이라 ⋯ 무릇 하나님께로부터 난 자마다 세상을 이기느니라 ⋯"(5:3-4). 하나님의 자녀이지만 그분의 계명들을 지키지 않는다면, 그분을 사랑한다는 고백은 무가치합니다. 하나님을 아는 것, 하나님의 사랑이 우리 안에서 온전하게 되는 것, 하나님 앞에서 담대함을 얻는 것, 하나님 안에 거하는 것, 하나님에게서 나는 것, 하나님을 사랑하는 것. 이 모든 것이 계명을 지키는 것, 이 한 가지 일에 달려 있습니다.

그리스도와 성령이 이 진리를 얼마나 중요하게 여기시는지를 깨닫는다면, 우리도 생활에서 이 진리를 귀중하게 여기게 될 것입니다. 이것이 참된 성경 공부의 핵심 요소입니다. 하나님과 그리스도의 계명에 순종하려는 열의와 각오를 가지고 성경을 읽는 사람이야말로 말씀이 주는 모든 축복을 받아들이기에 합당합니다. 그런 사람은 두 가지 사실을 배우게 될 것입니다. 첫째, 성령이 하나님의 모든 뜻 가운데로 인도해 주실 것을 믿으며 참고 기다려야 함을 알게 됩니다. 둘째, 날마다 자기의 의무를 행하는 데서 오는 축복을 배우게 됩니다. 그가 이렇게 하는 것은 그것이 옳은 일이며 자기에게 기쁨이 되는 동시에 하나님의 뜻이기 때문입니다. "이 계명은 내 아버지에게서 받았노라"(요 10:18) 하는 그리스도의 고백이 자기 고백이 될 때, 그는 매일의 삶을 향상시키는 비결을 깨닫게 될 것입니다. 말씀은 그의 모든 발걸음을 인도하는 빛과 지침이 될 것입니다. 또한 그의 삶은 말씀의 거룩한 능력이 드러나는 훈련소가 되고, 정신은 끊임없이 말씀의 교훈과 격려를 받게 될 것입니다. 그러므로 계명을 지키는 것은 모든 영적 축복에 이르는 열쇠입니다.

온전히 순종하는 삶이 무엇인지를 깨닫기 위해 혼신의 노력을 기울이십시오. 우리는 그리스도의 가장 분명한 계명들을 받아들여야 합니다. "내가 너희를 사랑한 것같이 너희도 서로 사랑하라"(요 13:34). "너희도 서로 발을 씻어 주는 것이 옳으니라"(14절). "내가 너희에게 행한 것 같이 너희도 행하게 하려 하여"(15절). 그리고 그리스도의 사랑과 겸손을 실천해야 합니다.

실패감이나 무력감에 빠져서 절망적인 마음이 생기거나 안주하고 싶을 때, 우리는 전적으로 주님께 소망을 두어야 합니다. 그러면 주님의 성령이 우리 안에서 그 일을 이루실 것입니다.

그리스도의 말씀은 순종을 위해 존재합니다. 우리가 순종하지 않는다면, 축적된 성경 지식은 오히려 우리를 어둡게 하고 무디게 할 것입니다. 여기서 나오는 기쁨은 지식 습득에서 오는 만족감 이외에 아무것도 아닙니다. 순종이 따르지 않는 지식은 결국 우리를 황폐하게 하여 성령의 가르침을 받지 못하게 막습니다.

오늘 골방에서 우리는 그리스도의 계명을 지키는 문제를 반드시 해결하고 결단해야 합니다. 그리고 하나님의 뜻을 깨닫고 실천할 것인가, 아니면 실천하지 않을 것인가를 결정해야 합니다.

12.
생명과 지식

어떤 사물을 아는 데는 두 가지 방법이 있습니다. 하나는 개념이나 생각을 통해 정신으로 아는 것이고, 또 다른 하나는 실생활에서 체험을 통해 아는 것입니다. 학식이 있으나 눈이 먼 사람은 관련 서적들을 통해 빛에 관한 지식을 얻을 수 있습니다. 그러나 눈이 온전한 어린아이나 원시인은 '빛은 무엇인가' 라는 생각을 한 번도 안 해봤을지라도, 눈먼 학자보다 빛에 관해 훨씬 더 정확히 알 것입니다. 전자는 사색을 통해서 빛을 알고 있습니다. 그러나 후자는 빛을 직접 보고 체험함으로써 그것을 파악하고 있습니다.

이것은 신앙에서도 마찬가지입니다. 우리 마음 가운데 있는 생명이 하나님의 구원의 능력을 전혀 경험하지 못할지라도, 우리의 정신은 성경에서 하나님에 대한 지식을 얻을 수 있고 구원에 관한 모든 교리를 배울 수 있습니다. 이런 이유로 성경은 우리에게 "사랑하지 아니하는 자는 하나님을 알지 못하나니 이는 하나님은 사랑이심이라"(요일 4:8)고 가르칩니다. 하나님과 사랑에 관한 모든 사실을 알며 그에 대해 아름다운 사색을 할 만한 능력이 있을지라도, 실제로 하나님을 사랑하지 않는다면 그는 하나님을 모르는 것입니다. 하나님을 사랑해야만 하나님을 알 수 있습니다. 그리고 그분을 아는 것이 곧 영원한 생명입니다.

하나님의 말씀은 생명의 말씀입니다. 지식이 부족해도 생명은 마음에서 나오며 강할 수 있습니다. 생명은 지식에 영향을 받지 않습니다.

사과나무에 지성, 눈, 손을 덧붙여 주어 정원사가 했던 일들을 도맡아 하게 했다고 가정해 봅시다. 이 사과나무의 내부에 있는 생명과 새로 투입된 지성은 여전히 다른 것입니다. 이와 같이 인간 내부에 있는 신성한 생명과 인간이 이 생명을 이해하기 위해 사용하는 정신은 매우 다릅니다. 정신은 성령이 밝히 드러내신 하나님의 말씀을 이해하고 전달하는 데 매우 요긴합니다. 그러나 참 생명을 부여하거나 소생시키는 데는 완전히 무기력합니다. 정신은 단지 양분을 전달하는 수단일 뿐입니다. 양분을 섭취하고 살아야 하는 것은 바로 마음입니다.

　에덴 동산의 두 나무는 바로 이러한 진리를 가르쳐 주는 하나님의 계시였습니다. 아담이 생명나무의 열매를 따먹었다면, 하나님이 그를 위해 준비해 두신 모든 선한 것을 알게 되고 또 받았을 것입니다. 그래서 악과 전혀 무관한 상태에서 악이란 무엇인가를 알게 되었을 것입니다. 그러나 하와는 지식을 얻으려는 욕망("지혜롭게 할 만큼 탐스럽기도 한 나무") 때문에 그만 타락하고 말았습니다. 그 결과 인간은 선이 없는 상태에서 단지 선에 대한 지식만을 소유하게 되었습니다. 다시 말해서 선의 반대인 악에서 얻은 지식만을 소유하게 되었습니다. 그날로부터 인간은 생명보다는 오히려 지식을 신앙으로 추구하게 되었습니다.

　오직 생명(경험 그리고 하나님과 그분의 선을 소유하는 것)만이 참된 지식을 줍니다. 정신이 주는 지식은 소생시키는 힘이 없습니다. "내가 예언하는 능력이 있어 모든 비밀과 모든 지식을 알고 또 산을 옮길 만한 모든 믿음이 있을지라도 사랑이 없으면 내가 아무것도 아니요"(고전 13:2). 우리는 매일 성경을 읽으면서 지식만을 추구하는 위험에 빠질 수도 있습니다. 그럴 때 우리는 이러한 위험에 과감히 맞서며 그것을 극복해야 합니다. 성경 말씀에 대한 지식을 성령이 생명과 진리로 바꿔 주시지 않으면 아무 소용이 없습니다. 우리는 성령이 우리 안에서 이 일을 온전히 이루어 주실 것을 믿으면서 온 마음을 다해 잠잠히 순종함으로 그분을 섬겨야 합니다. 이 거룩한 습관이 우리 삶에서 배어날 때 우리는 지성과 마음을 온전히 조화시키는 기술을 습득하게 될 것입니다. 즉 정신이 성령의 가르침을 기다리고 따르기 때문에, 마음도 항상 이 정신의 활동에 부응하게 될 것입니다.

13.
마음과 명철

잠언서는 우리에게 지식과 분별력을 가르치며 우리를 지혜와 명철의 길로 인도합니다. 잠언의 교훈은 의(義), 주를 경외함, 선한 지식으로 우리를 인도합니다. 잠언은 우리 자신의 명철이나 분별력을 신뢰하는 것과 하나님이 주시는 영적 지혜, 즉 분별력 있는 마음을 의뢰하는 것을 구별해야 한다고 말합니다. "너는 마음을 다하여 여호와를 신뢰하고 네 명철을 의지하지 말라." 지식과 지혜를 추구하며 인생을 계획하고 하나님의 말씀을 공부할 때, 우리는 다음 두 가지 능력에 의존합니다. 첫째는 본성과 우리가 만들어 낸 여러 가지 개념들을 통해 외부로부터 사물들을 인식하는 명철 혹은 분별력입니다. 둘째는 사물들을 우리의 의지와 감정으로 통합함으로써, 경험을 통해 그것들을 인식하는 마음입니다.

많은 성경의 가르침과 지식이 있지만 교회에서 거룩함과 헌신과 능력을 찾아보기 힘들게 된 이유 가운데 하나는, 영적인 문제들에 대해서 자신의 명철을 의지하기 때문입니다.

이에 대해 사람들은 "하지만 하나님이 분명히 우리에게 정신을 주셨고, 이것이 없다면 하나님의 말씀을 깨닫는 것도 불가능하지 않습니까?"라고 반론을 제기합니다. 물론, 이 말도 맞습니다. 그러나 잘 들어보십시오. 타락 이후에 인간의 본성은 총체적으로 어그러졌습니다. 인간의 의지는 예속되었고, 감정도 변질되었으며, 정신도 어리석게 되었습니다. 그런데 사람들은 의지나 감정에 대해서는 타락의 결과를 인정하면서도, 정신의 타락에 대해서는 그 결과를 부인하고 있습니다. 기본적으로 신자들은 자신들에게는 거룩한 의지의 능력이 없기 때문에 날마다 예수 그리스도의 은혜로 거듭나야 한다는 것을 인정합니다. 또한 성령의 도우심이 없다면, 하나님과 이웃을 사랑하는 거룩한 감정을 품을 수 없다는 사실도 인정합니다. 그러나 그들은 정신이 완전히 타락하여, 영적인 진리를 분별하는 데 무능력하다는 사실은 전혀 깨닫지 못하고 있습니다.

애초에 하와는 하나님이 금하신 때에 금하신 방법으로 지식을 추구했기 때문에 타락했습니다. 성경에 기록된 진리의 말씀을 우리의 힘으로 이해할 수 있다고 생각하는 것만큼 위험한 것이 없습니다. 우리는 진리를 이해하는 데 지혜가 부적당하며, 자기 확신에서부터 오는 자기 기만은 치명적으로 위험하다는 사실을 깨달아야 합니다. 그렇게 할 때 우리는 비로소 "너는 마음을 다하여 여호와를 신뢰하고 네 명철을 의지하지 말라"는 교훈의 중요함을 알게 될 것입니다.

오직 우리는 마음으로만 하나님을 알 수 있고, 신령과 진정으로 하나님께 예배드릴 수 있습니다. 신령한 말씀을 듣고 감동을 받아 결단을 내리는 곳도 바로 마음입니다. 하나님은 우리의 마음속으로 당신의 아들의 영을 보내주셨습니다. 성령은 마음(소망, 사랑, 의지 그리고 순종의 내면 생활)을 모든 진리 가운데로 인도하십니다. 성경을 공부할 때, 우리는 "너는 마음을 다하여 여호와를 신뢰하고 네 명철을 의지하지 말라"는 교훈에 늘 주의를 기울여야 합니다.

자신의 명철을 조금도 의지하지 마십시오. 이것은 영적인 진리의 관념과 개념만 줄 수 있을 뿐이고, 그것의 참 실체는 줄 수 없습니다. 명철은 정신으로 받아들인 진리가 틀림없이 마음으로 들어갈 것이라는 착각을 일으켜서 우리를 속일 것입니다. 이것은 날마다 성경을 읽고 주일마다 기쁜 마음으로 하나님의 말씀을 듣지만, 실제로는 겸손해지지도 거룩해지지도 신앙이 깊어지지도 않을 뿐더러, 이러한 상태를 깨닫지도 못하게 합니다.

우리는 자기 명철을 의지하지 말고, 마음을 모아 성경으로 나아가야 합니다. 오직 마음을 다해 주님을 신뢰해야 합니다. 골방에 들어갈 때마다 좋은 교사가 되어 주시는 살아 계신 하나님께 우리의 마음을 집중해야 합니다. 그러면 우리는 신령한 명철을 얻게 될 것입니다. 하나님이 우리에게 영적인 분별력을 주실 것입니다.

여러분은 이렇게 이의를 제기할지 모릅니다. "그렇다면 앞으로 어떻게 해야 하는가? 나는 어떻게 성경을 공부해야 하는가? 어떻게 자기 명철을 활용하지 않고 성경을 공부할 수 있단 말인가?" 이 질문을 저도 누누이 곱씹곤 했습니다.

물론 이 질문도 옳습니다. 그러나 문제는 명철을 활용해서는 안 되는 일에 그것을 활용하는 데 있습니다. 다음 두 가지 사실을 기억하십시오. 첫째, 명철은 우리에게 영적인 진리의 이미지 혹은 관념만 줄 수 있을 따름입니다. 명철을 통해 이러한 관념을 깨닫게 되었을 때, 우리 안에서 이러한 말씀을 생명과 진리로 바꿔 주실 주님께 마음을 집중해야 합니다. 둘째, 지적인 자만, 다시 말해서 우리가 자기 명철을 의지할 위험성은 늘 존재합니다. 우리가 마음을 다해 성령의 가르침을 계속 의지하지 않는다면, 아무리 굳은 결심을 해도, 이러한 위험에서 헤어나올 수 없을 것입니다. 성령님이 우리 마음속에서 하나님의 말씀을 능력 있게 하실 때만 비로소 우리의 명철을 섭리로 인도하실 수 있습니다. "온유한 자를 정의로 지도하심이여 온유한 자에게 그의 도를 가르치시리로다"(시 25:9). "여호와를 경외하는 것이 지식의 근본이거늘"(잠 1:7).

자기 명철을 활용하여 성경에서 어떤 지식을 깨달았다면, 언제든지 의지하고 신뢰하는 심정으로 하나님 앞에 나아가 경배를 드리십시오. 그리고 하나님이 그 지식을 진리로 만들어 주실 수 있다는 것과 반드시 그렇게 해 주실 것이라는 사실을 전심으로 믿으십시오. 또한 그 지식이 마음속에서 효력을 발휘할 수 있도록 성령님을 구하십시오. 그러면 하나님의 말씀이 우리 삶의 능력이 될 것입니다. 이 일에 전념한다면, 우리 마음과 삶 속에 내주하시는 성령님이 우리의 명철을 다스리시고, 그분의 거룩한 빛을 비추실 것입니다.

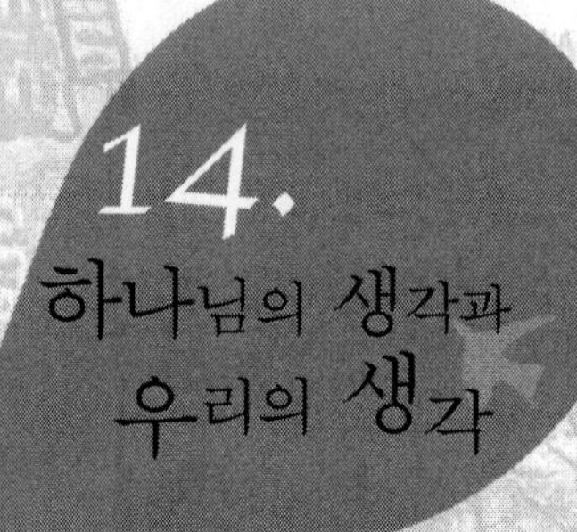

어떤 사실에 대해 현인(賢人)이 말하는 본래의 뜻과 그것을 받아들이는 평범한 사람들의 이해 수준에는 큰 격차가 있습니다. 그러니 하나님의 말씀이 우리의 이해 수준을 훨씬 뛰어넘는 것은 너무나 당연한 일입니다.

우리가 이 사실을 늘 기억한다면, 하나님의 말씀에 대해 자신의 지식과 생각에 만족하거나 안주하지 않을 것입니다. 그 대신, 하나님이 의도하신 온전한 뜻이 무엇인가를 골똘히 생각하고 깨달을 때까지 기다릴 것입니다. 또한 미처 깨닫지 못했던 진리를 깨달아 알도록 인도하시며, 성령의 능력과 자극으로 우리를 가르쳐 달라고 기도하게 될 것입니다. 이러한 사실 때문에, 우리의 가장 고귀한 식견을 뛰어넘은 더 높고 온전한 뜻이 이 세상에도 분명히 있을 것이라는 소망을 가질 수 있습니다.

그러므로 하나님의 말씀에는 다음 두 가지 면이 있습니다. 첫째, 하나님의 심중에 있는 본래의 의미입니다. 하나님은 신령한 지혜, 능력, 사랑과 관련된 모든 것을 인간의 말로써 전달하십니다. 둘째는 이 본의에 대한 희미하고 부분적이며 불완전한 우리의 이해입니다. 은혜와 경험을 통해 '하나님의 사랑', '하나님의 은혜', '하나님의 능력' 혹은 이와 관련된 많은 언약들이 우리에게 매우 실제적인 것이 되었습니다. 하지만 여전히 하나님의 말씀 속에는 우리가 아직 체험하지 못한 헤아리기 어려운 온전하신 뜻이 들어 있습니다.

이사야 55장 9절 말씀은 이러한 진리를 매우 분명하게 보여 줍니다. "하늘이 땅보다 높음같이." 이 사실이 분명하고 단순하기 때문에, 의심하는 사람이 없을 것입니다. 이 말씀을 하신 후에 하나님은 "내 생각은 너희의 생각보다 높음이니라"고 덧붙이셨습니다. 성경 말씀이 우리에게 하나님의 생각을 보여 주는 때에도, 우리의 지각이 하나님의 생각을 이해하려고 애쓰는 때에도, 하늘이 땅보다 높음같이 그 말씀은 우리의 생각보다 여전히 높습니다. 하나님의 무궁하심과 영원한 세계가 영생의 씨로서 말씀 안에 존재합니다. 작은 도토리가 커다란 떡갈나무로 자라듯이, 하나님의 말씀은 그분의 불가사의한 은혜와 능력을 돋아나게 하는 씨일 뿐입니다.

우리는 이러한 말씀을 받아들일 때 무지와 기대에 관한 교훈을 배워야 합니다. 우리는 어린아이같이 말씀을 향해 나아가는 법을 배워야 합니다. 예수님은 이렇게 말씀하셨습니다. "이것을 지혜롭고 슬기 있는 자들에게는 숨기시고 어린아이들에게는 나타내심을 감사하나이다"(마 11:25). 지혜롭고 슬기로운 사람이 반드시 위선자이거나 원수인 것은 아닙니다. 많은 사람들이 하나님의 사랑을 받음에도 불구하고 어린아이 같은 심령을 한결같이 품지 않고, 형식적인 성경 공부에 안주해 버립니다. 그래서 영적인 진리를 분별하지 못하며 영적인 사람이 되지 못합니다. "사람의 일을 사람의 속에 있는 영 외에 누가 알리요 이와 같이 하나님의 일도 하나님의 영 외에는 아무도 알지 못하느니라 우리가 세상의 영을 받지 아니하고 오직 하나님으로부터 온 영을 받았으니 이는 우리로 하여금 하나님께서 우리에게 은혜로 주신 것들을 알게 하려 하심이라"(고전 2:11-12). 성경을 공부할 때, 우리는 자신의 무지를 깊이 인식해야 합니다. 다시 말해서, 하나님에 대한 우리의 이해 능력을 결코 신뢰해서는 안 됩니다.

하나님의 생각을 이해하는 데 우리의 부족함을 깨닫고 절망할수록, 하나님을 의지하는 우리의 기대는 더욱더 커질 것입니다. 하나님은 당신의 말씀이 우리 안에서 참이 되기를 원하십니다. 하나님의 자녀는 그분에 대해서 배우게 될 것입니다. 성령님은 하나님을 계시하시기 위해 이미 우리 안에 와 계십니다. 우리가 겸손하고 믿음 있는 기도를 드릴 때 하나님은 성령님을 통해 하나님의 비밀을 알려 주십니다. 즉 우리가 그리스도와 연합하고 점차 그리스도를 닮아간다는 사실, 그리스도가 우리 안에 거하신다는 사실, 우리도 그리스도가 이 세상에 계실 때처럼 될 것이라는 사실을 깨달을 수 있는 영원한 통찰력을 주실 것입니다.

진정으로 이것을 갈망하고 추구한다면, 성령님의 특별한 섭리 가운데 이 모든 소망이 우리 안에서 만족스럽게 성취될 것입니다. 그리고 그리스도가 우리 마음을 주장하심으로 "하늘이 땅보다 높음같이 내 길은 너희의 길보다 높으며 내 생각은 너희의 생각보다 높음이니라"는 말씀을 깨닫게 될 것입니다.

15. 묵상

우리가 교육을 받고 공부를 하며 독서를 하는 참된 목적은 우리의 내적 능력을 활발하게 발현시킴으로써 일상에서 그 능력을 활용하기 위해서입니다. 이것은 성경 공부도 마찬가지입니다. 하나님의 말씀을 통해 전달된 진리가 우리의 내적 생활을 자극하고, 결심, 믿음, 사랑, 경배 등으로 우리 안에서 새롭게 드러날 때, 비로소 하나님의 말씀도 우리의 일상에서 참된 축복을 밝히 드러낼 것입니다. 정신을 통해 마음이 하나님의 말씀을 받아들이고 신령한 말씀이 그 능력을 발휘할 때, 이 말씀은 하나님의 목적을 충실히 성취하게 될 것입니다. 또한 이 말씀은 우리 삶의 한 부분을 차지하게 되고, 새로운 목표와 노력에 매진할 수 있도록 우리에게 힘을 줄 것입니다.

말씀을 묵상하는 중에 마음은 말씀을 붙잡고 자기 것으로 만듭니다. 사색을 할 때 정신이 진리의 모든 의미와 속뜻을 통달하듯이, 묵상을 할 때 마음은 진리를 흡수하고 그것을 삶의 일부로 수용합니다. 마음은 의지와 감정을 나타냅니다. 그러므로 '마음의 묵상'에는 소망, 영접, 순종, 사랑 등이 두루 포함되어 있습니다. 생명의 본질은 바로 마음에서 흘러나옵니다. 진정으로 믿는 바가 무엇이든지, 마음은 그것을 사랑과 기쁨으로 받아들이고 그것에 맞추어 삶을 다스립니다. 정신은 우리가 섭취해야 할 '양식'을 모으고 준비합니다. 그리고 마음은 묵상 중에 이것을 섭취하고 흡수합니다.

우리는 묵상하는 법을 계발해야 합니다. 사람이 정신력을 한데 모으고 사고(思考)를 분명하고 정확하게 하려면 훈련이 필요하듯이, 하나님의 말씀에 전심을 바치는 거룩한 습관을 기르려면 묵상에 최선을 다해야 합니다.

사람들은 종종 이렇게 묻습니다. "어떻게 해야 묵상하는 능력을 계발할 수 있습니까?" 첫 번째 조건은 바로 하나님 앞으로 나아가는 것입니다. 이를 위해서 우리는 먼저 하나님의 말씀으로 나아갑니다. 그러나 하나님과 분리된 말씀에는 복된 능력이 전혀 없습니다. 오직 말씀은 우리를 하나님 앞으로 인도하고 그분과 친교를 나누게 하는 데 그 의의(意義)가 있습니다. 하나님이 말씀을 우리의 마음속에서 효과적으로 사용해 주실 것을 확신하면서, 하나님 앞으로 나아가며 그분의 말씀을 받아들여야 합니다. 시편 119편에는 '묵상'이라는 단어가 일곱 번 나오는데, 이는 모두 하나님께 기도하는 중에 사용된 것입니다. "내가 주의 법도를 묵상하며"(15절). "주의 종은 주의 율례를 묵상하였나이다"(23절). "내가 주의 법을 어찌 그리 사랑하는지요 내가 그것을 종일 묵상하나이다"(97절, 개역한글). 묵상은 하나님의 말씀을 우리의 감정과 의지를 통해 삶 속으로 흡수하려고 노력하면서 마음을 하나님께로 돌이키는 것입니다.

참된 묵상의 두 번째 조건은 고요한 안식입니다. 성경을 공부하면서 그 뜻을 이해하거나 어떤 어려운 문제를 해결하려면 정신을 집중해야 합니다. 그러나 묵상할 때는 이것과는 전혀 다른 방법이 필요합니다. 묵상할 때 우리는 깨달은 진리나 혹은 그동안 고대해 왔던 신령한 가르침의 비밀을 받아들이고, 또한 성령님이 그것을 우리의 내면 생활에 나타내 주실 것이라 믿으면서 그것을 마음속 깊이 간직합니다. "보소서 주께서는 중심이 진실함을 원하시오니 내게 지혜를 은밀히 가르치시리이다"(시 51:6). 다음 구절은 주님의 모친 마리아에 관한 내용입니다. "마리아는 이 모든 말을 마음에 새기어 생각하니라"(눅 2:19). 이 구절에서 우리는 그리스도를 이미 알고 있고 또한 그분을 더 잘 알기 위해

바른 태도를 취하는 한 영혼을 보게 됩니다.

묵상에서는 개인적인 적용이 무엇보다 중요합니다. 하지만 지적인 욕구를 만족시키기 위한 성경 공부에서는 개인적인 적용이 그리 중요하지 않습니다. 공부의 목적은 앎과 이해하는 것입니다. 그러나 묵상의 주된 목적은 그것을 자기의 것으로 만들고 체험하는 것입니다. 성경 공부의 참된 정신은 "하나님의 모든 뜻 가운데서 완전하고 확신 있게 서기"^(골 4:12) 위해 모든 언약을 절대적으로 믿고 모든 명령에 흔쾌히 순종할 준비를 갖추는 것입니다. 고요히 묵상하는 중에 우리는 실제로 믿음을 발휘하고, 충성을 바치며, 하나님의 모든 뜻에 온전히 굴복하고, 우리의 서약을 충실히 지키기 위해 하나님의 은혜를 굳게 확신해야만 합니다.

묵상을 하다 보면 기도할 주제가 생깁니다. 말씀 가운데서 깨달은 것이나 이해한 것을 확실히 묻고 받아들이기 위해 묵상은 기도로 이어져야 합니다. 묵상의 가치는 말씀으로 계시된 것들을 신중하고도 전심을 다해 구하는 기도의 준비 작업이라는 데 있습니다. 그리고 묵상할 때는 온유하고 인내하는 심정으로 하나님의 말씀을 구하는 사람들에게 마침내 하나님이 그 능력을 밝히 드러내고 증명하실 것이라는 확신을 가지고 나아가는 '믿음'이 필요합니다.

이지적인 노력을 잠시 쉬고 거룩한 묵상의 습관을 계발하기 위해 노력한다면, 우리는 시간이 흐를수록 점점 더 유익한 보상을 얻게 될 것입니다. 고요한 심정으로 하나님을 기다리고 하나님의 말씀에 마음과 삶을 온전히 바칠 때, 우리가 하는 모든 성경 공부는 생기를 띠게 될 것입니다.

우리는 매순간 하나님과 교제해야 합니다. 아침 경건 시간에 진정으로 묵상하는 습관을 들인다면, 시편 기자가 받은 복을 받을 것입니다. "복 있는 사람은 … 오직 여호와의 율법을 즐거워하여 그의 율법을 주야로 묵상하는도다"(1:1-2).

하나님의 백성들을 돌보는 사역자들과 지도자들은 다른 사람들이 묵상할 수 있도록 가르치고, 능력과 복의 유일한 근원이 되시는 하나님과의 교제를 지속할 수 있도록 그들을 훈련시킵니다. 하지만 그들은 다른 사람들보다 이 일에 더욱 힘써야 합니다. 하나님은 이렇게 말씀하셨습니다. "내가 모세와 함께 있었던 것같이 너와 함께 있을 것임이니라 내가 너를 떠나지 아니하며 버리지 아니하리니 … 오직 강하고 극히 담대하여 나의 종 모세가 네게 명령한 그 율법을 다 지켜 행하고 우로나 좌로나 치우치지 말라 그리하면 어디로 가든지 형통하리니 이 율법책을 네 입에서 떠나지 말게 하며 주야로 그것을 묵상하여 그 안에 기록된 대로 다 지켜 행하라 그리하면 네 길이 평탄하게 될 것이며 네가 형통하리라 내가 네게 명령한 것이 아니냐 강하고 담대하라 두려워하지 말며 놀라지 말라 네가 어디로 가든지 네 하나님 여호와가 너와 함께 하느니라"(수 1:5, 7-9).

　　"나의 반석이시요 나의 구속자이신 여호와여 내 입의 말과 마음의 묵상이 주님 앞에 열납되기를 원하나이다"^(시 19:14). 다른 무엇보다도 우리의 묵상이 주님 앞에 열납되기를, 이 묵상이 신령한 제사가 되기를 갈망해야 합니다. 다시 말해서 우리의 묵상이 하나님 앞에서 그분의 말씀에 대한 생동감 넘치는 우리 마음의 순종이 되기를 기도하고 소원해야 합니다.

16.
어린아이들에게 나타내심

세상이 '지혜롭고 슬기 있는 자들'이라고 여기는 사람들은 그들의 정신과 이성으로 신령한 지식을 추구할 수 있다고 생각하는 경향이 있습니다. 그러나 '어린아이들'은 자신의 정신과 이성의 능력에는 관심이 없고 단지 순수하게 갈망하고 구하는 마음을 가지고 있습니다. 무지함, 무력함, 의지함, 온유함, 온순함, 신뢰함, 사랑. 이것들이 바로 하나님이 그분의 뜻을 나타내려는 사람들에게서 찾으시는 태도입니다.

신앙에서 가장 중요한 요소 가운데 하나는 바로 하나님의 말씀을 공부하는 것입니다. 우리는 항상 하늘 아버지가 그 진리의 말씀을 우리 안에 밝히 드러내 주시기를 기다려야 합니다. 어린아이와 같은, 심지어는 갓난아이와 같은 마음을 가져야 합니다. 왜냐하면 하나님은 어린아이와 같은 사람들에게 사랑의 비밀을 알려 주시기 때문입니다. 스스로 지혜롭고 슬기 있다고 여기는 사람들은 자기 지식을 가장 중요하게 여깁니다. 그러나 하나님은 그들이 이해했다고 생각한 바로 그 지식의 영적 의미를 그들에게 감추십니다. 어린아이 같은 마음을 가진 이들은 마음과 감정 즉 겸손, 사랑, 신뢰의 태도를 중요하게 여깁니다. 그래서 하나님은 이들이 이해할 수 없다고 생각한 바로 그 사실을 그들의 마음과 경험 속에 계시하십니다.

가르침에는 두 가지 유형이 있습니다. 평범한 교사는 지식 전달을 최우선의 목표로 생각합니다. 그는 학생들이 지식을 잘 전달받을 수 있도록 그들의 능력을 최대한 계발합니다. 그러나 탁월한 교사는 지식의 양(量)을 부차적인 것으로 생각합니다. 그는 정신과 마음의 능력을 키우는 것을 최우선으로 생각합니다. 그리고 학생들이 지식을 추구하고 적절하게 잘 활용할 수 있도록 그들을 정신적으로나 도덕적으로 돕습니다.

이와 마찬가지로, 설교자도 두 가지 유형이 있습니다. 평범한 설교자는 교훈과 논의과 적용거리들을 끊임없이 쏟아 놓고, 청중들이 그

가운데 스스로 할 수 있는 최선의 것을 활용하기를 기대합니다. 그러나 뛰어난 설교자는 얼마나 많은 것이 청중들의 마음 상태에 달려 있는지를 알고 있습니다. 그래서 그는 주님이 하셨던 것처럼, 객관적인 진리나 교리를 가르치는 것보다는 그 가르침을 유익하게 할 수 있도록 청중들의 품성을 계발하는 데 더 치중합니다. 하나님의 말씀을 다 이해하고 충분히 활용할 수 있다고 생각하며 듣는 그리스도인들에게 유창하게 수백 번 설교하는 것보다는 설교자가 청중들의 영적인 무지를 깨우쳐 주는 것이 더 낫습니다. 하나님의 가르침을 고대하고, 의지하며, 진정으로 받아들이고, 순종하는 갓난아이와 같은 온순한 심령에게 한 번 설교하는 것이 더 유익합니다.

우리는 모두 은밀한 골방에서 자신의 교사와 설교자가 되어야 합니다. 우리는 갓난아이와 같은 순수한 마음과 온순한 심령을 가질 수 있도록 거룩한 습관을 계발하고 훈련해야 합니다. 신령한 진리는 온 세상에 전파되어야 할 뿐만 아니라, 성령을 통해 각 개인에게도 계시되어야 합니다. 그러므로 각 개인은 하늘 아버지가 은밀한 비밀들을 내적으로 계시해 주시기를 기다리는 데 심혈을 기울여야 합니다. 이러한 마음을 갖는 사람은 갓난아이와 같은 심정을 체험하고, 어린아이처럼 하나님의 나라를 받게 될 것입니다.

복음주의적인 그리스도인들은 모두 거듭남을 믿습니다. 그러나 대부분의 신자들은 인간이 하나님 안에서 거듭났을 때, 모든 가르침과 능력에 대해서도 어린아이처럼 하나님께 의존해야 한다는 사실을 믿지 못하고 있습니다. 이것은 예수님도 특히 강조하셨던 사실입니다. 예수님은 심령이 가난한 자, 온유한 자, 굶주린 자는 '복이 있다'고 말씀하셨습니다. 또한 예수님은 자신의 마음이 온유하고 겸손하므로 사람들에게 와서 배우며 스스로를 낮추고 어린아이처럼 되라고 말씀하셨습니다. 하나님의 자녀가 되고 예수 그리스도처럼 되는 것의 가장 두드러진 특징은 모든 축복과 참된 영적 진리를 깨닫는 일에 대해서 하나님을 절대적으로 신뢰하는 것입니다. 우리는 스스로 이렇게 물어 보아야 합니다. "나는 성경 공부를 할 때 어린아이와 같은 심령을 가장 주된 본질로 여기는가?" 어린아이와 같은 심령이 없다면, 성경 공부가 무슨 소용이 있겠습니까? 어린아이와 같은 심령, 이것이 하나님의 학교에 들어갈 수 있는 열쇠입니다. 모든 일을 제쳐두고 이 일에 온전히 매달리십시오. 그러면 하나님이 그분의 은밀한 지혜를 계시해 주실 것입니다.

하나님의 자녀가 되는 관문인 거듭남은 우리를 어린아이로 만든다는 것을 뜻합니다. 거듭남은 우리에게 어린아이를 위한 교훈뿐만 아니라 어린아이와 같은 심령을 줍니다. 어린아이 같은 심령이 없다면 어린아이를 위한 교훈도 있을 수 없습니다. 우리는 우리 안에 새 생명이 있다는 것과 성령님의 인도를 믿고 여기에 순종해야 합니다. 성령님은 우리에게 어린아이 같은 심령을 불어넣어 주십니다. 우리가 성경 공부를 하는 까닭은 하나님의 은밀한 지혜를 배우기 위해서입니다. 이러한 지식을 얻으려면 하나님이 우리에게 이것을 계시해 주신다는 사실을 받아들여야 합니다.

이러한 계시를 받아들이려면 먼저 어린아이 같은 심령이 필요합니다. 현명한 일꾼은 일을 할 때, 가장 먼저 알맞은 도구들을 선택하고 그것들을 순서에 맞게 활용합니다. 그는 잠시 일을 멈추고 그 도구들을 날카롭게 가는 시간을 낭비라고 생각하지 않습니다. 마찬가지로 우리가 올바른 자세를 취하고 있는지, 다시 말해서 겸손하고 갓난아이와 같은 심령으로 하늘 아버지의 계시를 기다리고 있는지 점검하기 위해서 성경 공부를 잠시 멈추는 것은 결코 시간 낭비가 아닙니다.

만일 지금까지 이러한 심령으로 성경을 읽지 않았다면, 지금 곧 자신이 지혜롭고 슬기 있다고 여겼던 거만한 심령을 자백하고 하늘 아버지께 용서를 구하십시오. 그리고 갓난아이 같은 심령을 구할 뿐만 아니라, 그와 같은 심령이 이미 우리 안에 있다는 사실도 믿으십시오. 비록 거부되고 억압된 상태에 있을지라도, 갓난아이 같은 심령은 분명히 우리 안에 있습니다. 그러므로 우리는 하나님의 자녀로서 지금 당장 이것을 체험할 수 있습니다.

우리 자신이 심사숙고하거나 논쟁을 통해 갓난아이 같은 심령을 얻으려 해서는 안됩니다. 이것은 성령의 내주하심으로 우리 안에서 태어나고 자라나야 합니다. 이러한 문제에 대해서 기도해야 할 뿐만 아니라, 특별히 성령님의 은혜를 구하며 이것을 실천에 옮겨야 합니다. 하나님 앞에서 어린아이처럼 사십시오. 갓난아이처럼 말씀을 간절히 구하십시오.

성경 공부를 하고 싶을 때마다 이러한 마음 상태를 유지하고 있는지 항상 점검해 보십시오. 이것은 우리 정신의 영원한 습성, 마음의 항구적인 상태가 되어야 합니다. 그럴 때에만 거룩하신 성령님의 지속적인 인도를 받을 수 있습니다.

17.
그리스도께 배움

성경 공부의 열매를 풍성히 거두려면 그리스도께 배워야 합니다. 성경은 교과서이고, 그리스도는 교사입니다. 사람의 지각을 여시고, 마음을 여시며, 인봉(印封)을 여시는 분도 바로 그리스도이십니다(눅 24:45; 행 16:14; 계 5:9). 그리스도는 살아 계신 영원한 말씀이시며, 기록된 성경 말씀은 그분에 관한 인간적인 표현입니다. 그리스도의 함께하심과 가르치심은 참된 성경 공부의 모든 비밀입니다. 우리를 살아 계신 말씀, 곧 그리스도께로 인도하지 않는다면 성경에 기록된 말씀은 아무 유익이 없습니다. 주님은 하나님의 입에서 나온 구약의 말씀을 사랑하신다는 사실을 그분의 삶으로 입증하셨습니다. 주님은 유대인들에게 구약의 말씀을 하나님의 계시와 그분의 증거 자료로 제시하셨습니다. 주님은 제자들에게 가장 필요한 것과 반드시 순종해야 할 것으로 그분의 교훈을 주셨습니다.

성경을 인간적으로 해석하는 것은, 교회의 권위나 성경 공부 모임에서 그것이 용인된다 할지라도, 그리스도의 교훈을 배우는 데 가장 큰 장애가 됩니다. 살아 계신 말씀이신 그리스도는 우리의 마음과 생활 가운데 들어오셔서 우리의 유일한 교사가 되기를 원하십니다. 그렇게 될 때 우리는 주님에게서 성경을 존중하고 이해하는 법을 배우게 될 것입니다.

"나는 마음이 온유하고 겸손하니 나의 멍에를 메고 내게 배우라." 이 구절에서 우리 주님은 내면의 가장 깊은 비밀을 계시해 주셨습니다. 그리스도가 하늘로부터 우리에게 가져오신 것, 그리스도가 우리의 교사와 구주가 되도록 하며, 또한 그분이 친히 우리에게 주시며 또한 우리가 배우기를 원하시는 것, 이 모든 것이 "나는 마음이 온유하고 겸손하니"라는 이 한 구절 속에 들어 있습니다. 이 한 가지 덕목으로 말미암아, 그분은 하나님의 어린 양이 되시고, 우리 대신 고난받는 구속자가 되시며, 천국 교사와 지도자가 되십니다.

우리가 그리스도께 배우러 나아갈 때, 그분이 우리에게 요구하시는 유일한 태도도 바로 이것입니다. 다른 모든 것은 다 여기에서 나오는 것입니다. 성경 공부와 그리스도인의 삶에서 진실로 그리스도를 배우는 데 필요한 유일한 조건도 바로 이것입니다. 마음이 온유하고 겸손하신 우리의 교사 그리스도는 우리를 그분처럼 변화시키고 싶어하십니다. 왜냐하면 바로 이것이 구원이기 때문입니다. 가르침을 받는 제자인 우리는 온유하고 겸손하신 분께 나아가 온유하고 겸손하게 되는 법을 배우고 또한 그분을 믿어야만 합니다.

그리스도의 온유와 겸손을 배우는 것이 왜 일차적이고 가장 중요한 문제입니까? 이것이 피조물과 하나님 사이의 참된 관계의 뿌리이기 때문입니다. 하나님은 생명과 선과 복의 근원이십니다. 하나님은 사랑이시기 때문에 우리에게 모든 것을 주시고 또 우리를 위해 모든 것을 행하십니다. 그리스도는 인간의 마땅한 태도, 곧 하나님께 끊임없이 의존하는 것이 얼마나 복된지를 보이시기 위해 인자(the Son of Man)가 되셨습니다. 그리고 바로 이것이 '마음이 겸손하게' 된다는 것의 의미입니다. 이러한 심령으로 천사들도 얼굴을 가리우고 그들의 면류관을 하나님 앞에 드립니다. 하나님은 그들에게 모든 것이 되십니다. 그들은 모든 것을 받고 모든 것을 드리기를 기뻐합니다.

자신이 하나님과 사람들 앞에 아무것도 아님을 깨닫는 것, 오직 하나님만을 기다리는 것, 온유하고 겸손하신 그리스도를 기뻐하고 사랑하며 배우는 것이 참된 그리스도인의 삶의 뿌리입니다. 이것이 그리스도의 학교에 들어갈 수 있는 유일한 열쇠이며, 또한 성경을 올바로 배울 수 있는 유일한 길입니다. 그리스도는 이러한 태도로 우리를 가르치기 위해 오셨습니다. 이와 마찬가지로 우리도 이러한 태도를 가질 때에만 그분의 가르침을 받을 수 있습니다.

그런데 오늘날 그리스도의 교회는 그리스도의 생애와 하나님의 말씀이 가르치는 것만큼 온유하고 겸손한 심령을 중요하게 여기지 않습니다. 오늘날 우리가 연약하고 열매 없는 삶을 사는 이유는 온유와 겸손한 마음의 결핍에서 비롯되었다고 확신합니다. 우리의 마음이 온유하고 겸손해질 때 그리스도가 성령을 통해 하나님이 우리를 위해 준비하신 것들을 가르치실 수 있고, 하나님도 우리 안에서 역사하실 수 있습니다.

우리는 먼저 자기를 돌아보며 이러한 심령을 제자되는 첫 번째 조건, 그리고 주님이 우리에게 틀림없이 가르쳐주실 첫 번째 교훈으로 생각해야 합니다. 그리고 우리의 모든 성경 공부는 그리스도께 배우는 것이어야 합니다. 우리는 마음이 온유하고 너그러우며 인자하신 그리스도를 의지하며, 그리스도가 우리를 그분처럼 변화시켜 주시기를 기다려야 합니다. 때가 이르면, 우리의 아침 경건 시간은 날마다 친교와 축복이 가득 차고 넘치는 시간이 될 것입니다.

성경 공부에서 가장 먼저 살펴보아야 할 것은 바로 온유하고 겸손한 마음입니다. 하나님과의 교제에서 모든 것은 태도와 성품에 달려 있습니다. 그리고 그리스도인의 태도와 성품 가운데, 온유하고 겸손한 마음이야말로 씨와 뿌리라고 할 수 있습니다. 온유하고 겸손한 마음이 없다면, 성경 공부에서 얻을 수 있는 유익은 거의 없습니다. 우리는 온유하고 겸손한 마음을 가질 수 있습니다. 왜냐하면 그리스도가 우리에게 주시려는 것이 바로 이것이기 때문입니다. 그리스도는 그분 안에서 이것을 찾고 받을 수 있는 방법을 가르쳐 주셨습니다.

저는 성경을 공부하는 모든 사람들이 골방에 들어갔을 때 무엇보다도 먼저 다음과 같이 질문하기를 권면합니다. "지금 나의 마음은 주님이 원하시는 상태인가? 만일 그렇지 않다면, 나는 가장 먼저 그러한 심령이 생기도록 그분께 나 자신을 온전히 바쳐야 한다."

18.
온순하게 배우는 마음

배우는 사람이 가져야 할 가장 기본적인 자질은 유순하고 기쁜 심정으로 가르침을 받는 것입니다. 여기에는 자신의 무지함을 인식하고, 자기 방식으로 생각하거나 행동하는 것을 곧바로 포기하며, 흔쾌히 교사의 관점대로 사물을 관찰하고, 교사가 '알고 있으며' 또한 자기에게 '아는' 방법을 가르쳐 줄 수 있다고 분명하게 확신하는 태도가 내포되어 있습니다. 온유하고 겸손한 마음을 가진 사람은 교사의 뜻이 무엇인지 이해하기 위해 주의 깊게 듣고, 배운 것을 주저하지 않고 곧바로 실천에 옮깁니다. 학생이 이러한 마음을 가지고 있는데도 잘 배우지 못한다면, 그것은 전적으로 교사의 책임일 것입니다.

그런데 어떻게 그리스도를 교사로 모시고 있으면서도, 영적인 지식을 깨닫는 데 그토록 많이 실패하고 열매도 작을 수가 있습니까? 성경을 많이 듣고 읽으며 또한 그것이 자기의 유일한 생활 규범이라고 입이 닳도록 고백하면서도, 어떻게 성경의 정신과 능력은 삶 속에서 희미하게 나타날 수 있습니까? 아침 경건 시간과 성경 공부 모임에 열심을 내었는데도 불구하고, 어떻게 하나님의 말씀에서 받는 기쁨과 능력은 그렇게 보잘것없을 수 있습니까?

많은 예수님의 제자들이 정직한 마음으로 주님의 뜻을 알고 행하고 싶어하지만 실제로는 생명의 말씀을 세상의 빛으로 드러내는 데 무능력한 이유가 분명히 있을 것입니다. 만약 이런 사람들이 이 문제의 해답을 찾는다면, 그들의 삶도 바뀔 것입니다.

이 해답을 마태복음 11장 29절에서 찾을 수 있습니다. "나는 마음이 온유하고 겸손하니 나의 멍에를 메고 내게 배우라 그리하면 너희 마음이 쉼을 얻으리니." 많은 사람들이 그리스도를 구주로 받아들이지만 교사로는 받아들이지 않습니다. 그들은 주님을 자기의 양 떼를 위해 목숨을 버리는 선한 목자로 믿고 있습니다. 하지만 주님이 자기 양 떼를 날마다 치시며 그들의 이름을 하나하나 부르시고 그 양들도 그분의 음성을 알아듣고 그분을 따른다는 엄연한 사실은 도외시하고 있습니다. 그들은 어린 양이 된다는 것, 즉 그분으로부터 어린 양의 본성을 받아들인다는 것이 무엇을 의미하는지, 그리고 그분처럼 마음이 온유하고 겸손해지기를 추구한다는 것이 무엇을 의미하는지는 모르고 있습니다.

예수님의 열두 제자들은 3년 동안 그분과 동행하며 성령의 세례를 받고 그분의 놀라운 약속을 성취하기에 적합한 사람들이 되었습니다. 우리 주님의 가르침을 받고 또한 그것을 날마다 고대하고 받아들이며 실천하는 온유하고 겸손한 마음을 지닐 때 우리는 진정한 마음의 쉼을 얻을 수 있습니다. 힘겨운 긴장과 좌절과 실망이 있을지라도 이제는 그리스도가 보살펴 주신다는 깨달음을 통해 거룩한 안식을 얻게 될 것입니다.

우리는 그리스도의 멍에를 메고 그분께 배워야 합니다. 우리는 그분의 온유하고 겸손한 마음을 배우며, 그 마음을 지녀야 합니다. 또한 말씀이 우리를 그리스도의 가르침으로 인도할 때에만 그 말씀이 유익하며, 그분의 가르침에 의해서 이 말씀의 의미가 밝히 드러난다는 사실을 깨달아야만 합니다. 우리는 매일 아침 경건 시간에 우리의 생명과 구원을 주장하시는 살아 계신 주 예수님이 오셔서 함께하실 때에만 그분의 가르침을 받을 수 있습니다. 그리고 아침 경건 시간에 우리는 그분의 멍에를 메고 그분께 배우는 온순한 마음을 구하고 계발해야 합니다. 온순하게 배우려는 마음이 무엇보다 중요합니다.

우리 안에 거하시는 성령님이 '우리에게 모든 것을 가르쳐' 주시는 것이 사실이고, 그분이 우리 안에 거하시는 주된 목적이 신성한 가르침에 있다면, 우리의 주된 목적도 신성한 배움이 되어야만 합니다. 그럴 때 비로소 하나님의 말씀을 읽고 생활하는 우리의 태도가 예수님이 바라시는 대로 변화될 수 있습니다.

'잊는다는 것' 은 종종 학습의 가장 중요한 부분입니다. 왜냐하면 그릇된 인상, 편견은 학습에서 큰 장애 요인이 되기 때문입니다. 교사가 전달하는 지식은 단지 학생의 지적인 면만을 자극할 뿐입니다. 그러므로 교사의 첫 번째 임무는 장애 요인들을 밝히 드러냄으로써 학생들이 이러한 편견들을 바로 깨닫고 제거하도록 돕는 것입니다.

유전, 교육, 전통에 영향을 받은 우리는 신앙과 하나님의 말씀에 대해 여러 고정관념들을 갖고 있습니다. 그런데 우리가 이러한 고정관념들을 진실이라고 철석같이 믿기 때문에, 이것들은 종종 가장 심각한 장애 요인이 됩니다. 기존의 것들에 대해서 잊을 준비가 되어 있지 않다면, 우리는 그리스도께 충실하게 배울 수 없습니다. 그리스도께 배우려면, 우리는 그동안 믿어왔던 모든 사실들을 그리스도께 올려 드리고 그분이 이것들을 비판하고 바르게 고쳐 주시기를 잠잠히 기다려야 합니다.

그리스도인의 삶에서 겸손은 가장 근본적인 덕목입니다. "무릇 자기를 높이는 자는 낮아지고 자기를 낮추는 자는 높아지리라"^(눅 14:11). 이것이 하나님 나라의 절대적인 법칙입니다. 하지만 그동안 우리는 그리스도의 겸손을 그분이 성취하신 구원의 시작과 끝으로 받아들이지 않았습니다. 좀더 높은 수준의 은혜, 믿음, 영적인 지식, 이웃에 대한 사랑, 복된 능력을 추구하는 모든 노력이 수포로 돌아가는 이유가 모두 여기에 있습니다. "겸손한 자들에게는 은혜를 주시느니라"(벧전 5:5)는 말씀은 우리가 생각하는 것보다 훨씬 더 넓고 깊은 뜻을 내포하고 있습니다.

온순하게 배우는 마음은 겸손의 일종입니다. 아침 경건 시간에 우리는 그리스도의 학교에서 배우는 학생이 되어야 합니다. 그리고 온순하게 배우는 마음, 즉 겸손은 배우는 학생이 갖춰야 할 특징입니다. 이것이 부족하다고 느껴지면, "나의 멍에를 메라"는 주님의 음성에 귀를 기울여야 합니다. 왜냐하면 여기에는 "나는 마음이 온유하고 겸손하니 나의 멍에를 메고 내게 배우라 그리하면 너희 마음이 쉼을 얻으리니"라는 의미가 함축되어 있기 때문입니다.

19.
생명과 빛

그리스도는 하나님이시기 때문에 하나님의 말씀이 되실 수 있습니다. 그분은 하나님의 생명을 지니고 계시기 때문에 그 생명의 계시자가 되실 수 있습니다. 따라서 살아 계신 말씀이신 그리스도는 생명을 주는 말씀이십니다. 말씀을 인간의 지혜로만 이해한다면, 그 말씀은 단지 공허하고 무익한 지식일 뿐입니다. 우리가 기록된 말씀을 '살아 계신 말씀'의 생명을 품고 있는 씨로서 받아들일 때 성령님이 소생시켜 주시는 생명의 말씀이 될 수 있습니다. 우리와 하나님의 기록된 말씀과의 상호작용은 '하나님'이신 영원하신 말씀을 믿는 믿음에 의해 고양되고 조정되어야만 합니다.

이와 같은 진리가 "이 생명은 사람들의 빛이라"는 표현 속에 내포되어 있습니다. 빛이 빛나고 있을 때, 우리는 어떤 형태로든지 불이 타고 있다는 사실을 인식하게 됩니다. 이것은 신령한 세계에서도 마찬가지입니다. 빛이 있으려면, 그 이전에 반드시 생명이 있어야만 합니다. 죽은 물체나 어두운 물체는 빛을 빌려와서 그것을 반사시킬 수는 있지만, 참 빛을 발산할 수 있는 것은 오직 살아 있는 생명뿐입니다. 그리스도를 따르는 자는 '생명의 빛'을 얻을 것입니다.

이와 같이 한 가지 위대한 진리를 표현한 본문의 말씀들은 그동안 우리가 하나님의 영에 대하여 배워왔던 사실들을 확증해 줍니다. 성령님이 하나님의 생명이시므로 하나님의 사정을 훤히 알고 계신 것과 같이, 그리스도도 하나님이시기 때문에 하나님의 생명을 갖고 계십니다. 또한 하나님의 빛은 하나님의 생명이 있는 곳에만 빛을 비춥니다. 이 사실은 필수 불가결한 한 가지 교훈을 우리에게 가르치면서, 성경 공부에 대한 도전을 줍니다. 즉 기록된 말씀이 우리를 '영원하신 말씀(Eternal Word)'의 생명으로 인도할 때에만, 그리고 하나님의 사정을 알고 계신 성령님이 그 말씀을 우리 안에서 생명과 진리로 만드실 때에만 성경 공부도 실제적인 은혜가 될 수 있습니다.

그러므로 우리는 하나님의 말씀에 관해 성령님이 깨우쳐 주시고자 하는 한 가지 위대한 교훈으로 다시 되돌아갑니다. 즉 우리는 하나님의 생명으로부터 나오는 말씀을 우리의 생명 속에 받아들일 때에만 그 말씀의 참된 지식을 얻을 수 있습니다. 이 말씀은 그 속에 신성한 생명을 품고 있는 일종의 씨입니다. 그러므로 이 말씀이 신성한 생명을 갈망하는 마음의 옥토에 떨어진다면, 곧 싹이 나서 다른 모든 씨들처럼 '각기 종류대로' 열매를 맺게 될 것입니다. 이것은 성령으로 말미암아 우리의 생명 속에 성부와 성자의 성품을 생산하게 될 것입니다. 이러한 일들이 실제로 우리에게 일어나고, 또한 우리는 이것을 개인적인 성경 공부에도 적용할 수 있어야 합니다. 이 일을 시작하는 방법은 아주 간단합니다.

첫째, "너희는 가만히 있어 내가 하나님 됨을 알지어다"(시 46:10). 먼저 조용히 마음을 가다듬고 하나님을 알기 위해 시간을 드려야 합니다. "여호와는 그 성전에 계시니 온 땅은 그 앞에서 잠잠할지니라"(합 2:20). 하나님께 경배를 드리며 하나님이 말씀을 주실 때까지 잠잠히 기다리십시오.

둘째, 말씀이 생명으로부터 나온다는 사실을 잊지 말아야 합니다. 하나님은 그분의 생명을 우리에게 나눠 주기를 기뻐하십니다. 말씀은 바로 하나님의 생명입니다. 그리고 오직 하나님의 능력만이 그 말씀을 우리 안에서 살아 있게 합니다.

셋째, 우리는 살아 계신 말씀이신 그리스도를 믿어야 합니다. "그 안에 생명이 있었으니 이 생명은 사람들의 빛이라." "나를 따르는 자는 … 생명의 빛을 얻으리라." 사랑과 간절한 심정으로 그리고 순종과 섬김의 자세로 예수님을 따른다면, 그분의 생명이 우리 안에서 역사하고, 우리 영혼의 빛이 될 것입니다.

넷째, 하늘 아버지께 성령을 구해야 합니다. 하나님의 사정을 모두 알고 계시고, 우리 안에서 하나님의 말씀을 생기 있고 활기차게 만들어 주실 분은 오직 성령님뿐입니다. 날마다 하나님의 뜻을 알기를 갈망하고, 성령님이 여러분 안에서 생생하게 역사하기를 갈망하십시오. 하나님의 말씀을 우리의 뜻과 생명과 기쁨으로 받아들인다면 생명을 주는 말씀이 우리에게도 빛을 줄 것입니다.

이러한 진리를 몇 장에 걸쳐 계속 반복하는 이유는 간단합니다. 우리가 하나님의 말씀을 정신뿐만이 아니라 생명으로 받아들여야 한다는 사실을 깨닫는 데 얼마나 오래 걸리며, 또한 우리가 그 사실을 완전하게 믿고 실천에 옮기는 데 얼마나 많은 시간이 필요한지를 알게 되었습니다. "너희에게 같은 말을 쓰는 것이 내게는 수고로움이 없고 너희에게는 안전하니라"(빌 3:1). 확실하게 깨달을 때까지 이 교훈을 계속 공부하십시오. 하나님의 말씀은 하나님의 생명에서 나옵니다. 따라서 말씀 속에는 그분의 생명이 있으며, 이 말씀은 우리의 생명 속에 들어와서 하나님의 생명으로 가득 채워 줍니다. 사람들의 빛인 이 생명은 우리에게 하나님의 영광을 깨달을 수 있는 지식의 빛을 줍니다.

여러분은 이 교훈을 공부하는 데 생각보다 오랜 시간이 걸리고, 이 교훈이 성경을 배우는 데 도움이 되기보다는 오히려 걸림돌이 되는 경우가 많고, 이것을 공부하면 할수록 점점 더 어려워진다는 사실을 발견하게 될지도 모릅니다. 그러나 조금도 염려하거나 조급해하지 마십시오. 이 교훈을 올바로 배운다면, 여러분은 하나님 말씀의 숨겨진 보화, 곧 감춰져 있는 참된 지혜의 보화를 주는 이 비결 때문에 하나님께 감사드리게 될 것입니다.

그리스도는 하나님이시고 말씀이시며 하나님의 생명이십니다. 그러므로 기록된 말씀은 살아 계신 말씀이 그것으로 우리에게 하나님의 생명을 전해 줄 때에만 은혜가 될 수 있습니다. 생명은 그리스도 안에 있고 그 생명은 사람들의 빛이므로, 말씀을 통해 그리스도의 생명을 소유할 때에만, 우리는 하나님의 지식의 빛을 얻을 수 있습니다.

20. 성경을 배우는 학생

올바른 성경 공부에 대한 요구가 각계 계층에서 활발하게 일어나고 있습니다. 무디 같은 복음주의자들과 많은 사역자들은 오직 성경 말씀에만 기초를 두고 말씀의 능력에 대한 믿음으로 인도를 받아 설교했을 때 어떠한 능력이 나타나는지 증거해 왔습니다. 이 문제에 관심이 있는 그리스도인들은 결론적으로 이렇게 묻습니다. "왜 우리 목사님들은 그 같은 방식으로, 즉 하나님의 말씀을 더 강조하는 방식으로 설교하지 않습니까?" 많은 젊은 목회자들이 신학교를 졸업할 때 자기들이 모든 것을 배웠지만, 하나님의 말씀을 어떻게 공부해야 하고 다른 사람들이 하나님의 말씀을 어떻게 공부하도록 도전하고 도와주어야 하는지는 배우지 못했다고 고백합니다.

우리 교회의 일각에서도 목회자 양성을 통해 이러한 필요를 충족시켜야 한다는 요구가 계속 제기되었습니다. 이 일을 맡을 만한 사람을 찾기 쉬워 보입니다. 그러나 실제로 신학 훈련을 받은 사람들이 하나님의 말씀을 나름대로 풀어서 알기 쉽게 전달하는 사례를 찾기란 그리 쉽지 않습니다. 그들이 더 젊은 사람들에게 성경 말씀을 지식과 교훈의 유일한 원천으로 받아들이는 방법을 가르쳐야 한다면, 이 일은 매우 중요합니다. 오늘날 학생들은 전반적으로 성경 공부를 중요한 위치에 놓고 있습니다. 이에 대한 욕구가 크기 때문에, 현재 우리는 하나님의 사역에서 그분의 말씀을 올바로 자리매김할 수 있는 좋은 기회를 얻고 있습니다. 여기서 좀 더 나은 성경 공부를 위해 필요한 기본 원칙을 몇 가지 살펴보겠습니다.

1. 하나님의 말씀은 그분의 뜻을 나타내는 확실하고 유일한 계시입니다. 신성한 진리에 대한 인간의 진술은 그것이 아무리 정확하다 할지라도, 결함을 내포하고 있고 어느 정도는 인간적인 권위를 담고 있습니다. 그러나 하나님의 말씀은 우리에게 그분의 음성을 직접 전달합니다.

하나님의 모든 자녀는 말씀을 통해 하늘 아버지와 직접 교제하도록 부르심을 받았습니다. 하나님이 말씀 속에 그분의 깊은 뜻과 은혜를 계시하셨기 때문에 하나님의 자녀가 이것을 받아들인다면 말씀의 모든 생명과 능력을 얻을 수 있습니다. 전해 들은 말이나 사건은 온전히 신뢰하기가 어렵습니다. 남에게 들은 내용을 정확하게 전달하는 사람은 매우 드뭅니다. 그러나 말씀 안에서 하나님은 우리에게 계시하셨고, 지금도 변함없이 그러하십니다. 모든 신자들은 하나님과 직접 교제하며 살 권리를 가지며 또한 그렇게 하도록 부르심을 받았습니다.

2. 하나님의 말씀은 살아 있어서, 사람을 소생시키는 신성한 능력을 내포하고 있습니다. 진리에 관한 인간적인 표현은 단지 진리의 개념이나 표상일 뿐이며, 정신에 호소하는 것이기 때문에 효과가 작거나 전혀 없습니다. 성경이 하나님의 임재와 능력을 내포하는 하나님의 말씀이라는 믿음이 있어야만 우리는 살아 있는 말씀의 능력을 맛볼 수 있습니다. 하나님이 그분의 신성한 생각들을 표현하기 위한 도구로써 선택하신 말씀은 호흡마다 그분을 나타냅니다. 그리고 하나님의 생명이 그 안에 거합니다. 하나님은 죽은 자의 하나님이 아니라 산 자의 하나님이십니다. 애초부터 말씀은 하나님의 영감으로 쓰여진 것입니다. 하나님은 영원토록 그분의 말씀 안에 계시고 그 말씀과 함께 계십니다. 그리스도인들과 교사들은 이것을 믿어야 합니다. 그들은 이러한 믿음을 통해 순전하고 신령한 말씀에 대한 신뢰, 인간의 교훈이 전혀 줄 수 없는 신뢰

를 얻게 될 것입니다.

3. 오직 하나님만이 성경 말씀을 해석하실 수 있습니다. 신성한 진리에는 신성한 교사가 필요합니다. 영적인 사실들에 대한 신령한 이해는 오직 성령님에게서 나올 수 있습니다. 말씀의 독특한 성격, 무엇보다도 인간의 지각과 본질적으로 다르고 그것보다 현격하게 뛰어난 그 특성을 이해하면 할수록, 우리는 초자연적이고도 직접적인 신령한 가르침의 필요성을 절실히 느끼게 될 것입니다. 더 나아가 우리는 하나님의 축복을 더욱 깨닫게 될 것입니다. 왜냐하면 이것이 말씀의 가장 큰 목적이기 때문입니다. 우리의 영혼은 하나님을 찾도록 인도함을 받을 것이며, 마침내 내주하시는 성령님 안에서 하나님을 발견하게 될 것입니다. 우리가 성령님을 간절히 구하고 의지할 때 그분은 우리에게 마음과 태도를 변화시키는 내면의 지혜를 계시해 주십니다. 그리고 우리가 이러한 믿음과 기도하는 심정으로 성경을 읽고 마음에 새긴다면, 그 말씀은 성령님으로 말미암아 우리 안에서 빛과 생명이 될 것입니다.

4. 말씀은 우리를 하나님과 가장 친밀하고 밀접한 교제로 이끌어 줍니다. 말씀 속에서 하나님은 그분의 온 마음과 뜻뿐만 아니라, 우리를 위해 하시고자 하는 바를 계시하셨습니다. 하나님의 말씀 속에 들어 있는 그 뜻을 받아들이고 순종할 때, 우리는 그분의 뜻 안에서 하나님을 배울 수 있습니다. 또한 우리 안에서 역사하시는 하나님의 능력 안에서, 다시 말해 겸손하신 사랑으로 나타난 그 능력 안에서 그분을 배울

수 있습니다. 우리가 말씀을 통해 하나님께로부터 나오는 경외하는 마음과 의지하는 심정을 충만히 가지게 될 때, 비로소 우리는 그분이 말씀을 통해 우리에게 이루고자 하는 궁극적인 목표에 이를 것입니다. 그러므로 우리는 모든 성경 공부에서 이것을 추구하고 경험해야 합니다.

다음 네 가지 요점을 다시 한번 살펴보고 이것을 삶에서 적용해 봅시다.

첫째, 우리는 성경에서 거룩하신 하나님이 가르쳐 주시는 말씀, 그분이 우리에게 직접 들려 주시는 바로 그 말씀을 듣습니다.

둘째, 이 말씀은 하나님의 생명으로 가득 차 있습니다. 하나님은 말씀 속에 거하시며, 그분을 찾으려고 애쓰는 사람들에게 말씀을 통해 그분의 존재와 능력을 알려 주십니다.

셋째, 내주하시는 성령님의 교훈을 구하고 기다리는 사람들에게, 성령님은 말씀의 신령한 뜻과 능력을 계시해 주십니다.

넷째, 그러므로 말씀은 날마다 하나님이 우리에게 계시하시는 수단이 되어야 합니다. 그리고 우리가 그분과 친밀히 교제하는 방편이 되어야 합니다.

여러분은 이러한 진리를 적용하는 방법을 충분히 익혔습니까? 여러분은 성경의 교훈, 즉 '하나님을 찾으라. 하나님께 귀를 기울이라. 하나님을 기다리라. 그러면 하나님이 네게 말씀하실 것이다. 그분께 배우라’ 는 것을 이해했습니까? 우리는 말씀과 살아 계신 하나님을 결코 따로 떼어 놓지 않는 백성이 되어야 하고, 다른 사람들에게도 이렇게 가르쳐야 합니다. 그리고 우리는 매순간 하늘에 계신 하나님과 대화하는 백성으로 살아가야 합니다.

21.

너는 누구냐?

아침 경건 시간에 하나님 앞에 나아갈 때, '하나님은 누구시며 나는 누구인가, 나와 하나님과의 관계는 어떠한가'에 따라 깨달음이 달라집니다. 지극히 높으신 자에게 나아가 그분의 말씀을 들을 권리가 있다고 주장하는 사람들은 모두 마음속에서 "너는 누구냐?"라는 질문을 받게 됩니다. 그는 내면의 의식에서 이 질문에 대한 대답을 반드시 준비하고 있어야 합니다. 그리고 이러한 의식은 그가 그리스도 안에서 하나님을 향해 서 있는 위치에 대한 생생한 자각이어야 합니다. 이것을 표현하는 양식은 때에 따라 다르겠지만 본질은 항상 동일할 것입니다.

나는 누구인가? 하나님께 나와 만나 주시고 오늘 하루도 동행해 달라고 부탁드릴 때, 나는 누구인가 하는 문제를 생각하고 답하는 것은 당연합니다. 나는 말씀과 하나님의 영으로 말미암아, 그리스도 안에 있다는 것과 나의 생명이 그리스도와 함께 하나님 안에 감추어져 있다는 사실을 인식하고 있습니다. 그리스도 안에서 나는 죄와 세상에 대해 죽었습니다. 그 뿐만 아니라, 나는 이제 그러한 것들에서 벗어났고, 분리되었으며, 죄와 세상의 세력에서 구원을 받았습니다. 나는 그리스도와 함께 부활했고, 그분 안에서 하나님과 함께 살게 되었습니다. 나의 생명은 그리스도와 함께 하나님 안에 감추어져 있고, 나는 그분 속에 감추어져 있는 신령한 모든 생명을 요구하고 얻기 위해 하나님께 나아갑니다.

"그렇습니다. 이것이 바로 저입니다" 하고 기도드릴 때, 나는 겸손하고 거룩한 확신으로 하나님께 대답합니다. 나는 천국의 감춰진 생명을 이 세상에서 드러내며 살도록 부어주시는 은혜 외에는 어떤 것도 추구하거나 바라지 않습니다. 나는 '그리스도는 내 생명입니다' 라고 고백하는 사람입니다. 내 마음의 소원은 하나님의 도우심으로 말미암아 그리스도가 내 마음속에 확연히 드러나는 것입니다. 이것 외에는 어떤 것도 나를 만족시킬 수 없습니다. 나는 죄로부터 나를 해방시켜 주시고, 하나님의 사랑의 선물이자 우리 안에 내주하시는 친구이며 주님이신 그리스도가 마음속에 계시는 것 외에는 그 어떤 것으로도 만족할수 없습니다.

오, 나의 하나님. "너는 누구냐?" 하고 묻고 싶으시다면, 더듬거리는 이 대답을 들어 주십시오. "저는 그리스도 안에 살고 있으며, 그리스도는 제 안에 살고 계십니다. 그리고 이것이 의미하는 모든 것을 제게 알려 주시고 또한 이것이 의미하는 대로 저를 이끄실 분은 오직 하나님 한 분밖에는 없습니다."

나의 기도는 하루 종일 하나님의 임재와 능력의 은혜를 구하는 것입니다. 그리스도가 이 땅에 계셨을 때 오직 하나님의 뜻을 행하며 사셨던 것처럼, 나도 그분의 뜻 안에서 온전히 행하기를 소원합니다. 나는 하나님의 뜻을 아는 것과 그것을 세상에서 적용하는 데 무지합니다. 그리고 무능력함은 이보다 훨씬 더 심각합니다. 그러나 나는 감히 부족한 것을 드리려 하거나 어떤 타협을 모색하지 않는 사람으로 하나님께 나왔습니다. 나는 진심으로 모든 일에 하나님의 뜻을 온전히 드러내면서 살아야 하는 지고한 사명을 받아들입니다.

이것은 나를 골방으로 인도합니다. 그곳에서 나는 하나님의 뜻을 이루는 데 방해될 만한 스스로의 모든 결함들을 생각합니다. 그리고 나를 기다리고 있을지도 모르는 모든 유혹과 위험들을 예측해 보면서 모든 면에서 내가 전적으로 부족하다는 사실을 깨닫습니다. 그러나 나는 하나님께 이렇게 간구합니다. "저는 그리스도 안에 감추어져 있는 생명, 그리스도를 위해 사는 생명을 구하러 나왔습니다. 저는 하나님이 동행해 주시고 축복해 주실 것이라는 분명한 확신이 서지 않는 한 만족할 수 없습니다."

이렇게 크고 놀라운 일들을 하나님께 구하는 나는 누구입니까? 나는 하나님 안에서 그리스도 안에 감춰진 생명을 드러내고, 그것을 썩어질 육체 가운데 드러내기를 기대해도 좋을 인물입니까? 물론, 그렇습니다. 왜냐하면 내주하시는 성령님으로 말미암아 하나님이 내 안에서 이것을 이루어 주실 것이기 때문입니다. 죽은 자 가운데서 그리스도를 일으키시고 그분을 오른편에 앉히신 하나님이 그리스도와 함께 나도 일으키셨습니다. 그분은 내 마음속에 성자의 영광스러운 영을 주셨습니다.

하나님의 모든 뜻을 알고 행하라고 우리에게 주신 그리스도의 생명은, 하나님이 친히 성령님으로 말미암아 내 안에서 점차 자라고 유지시켜 주실 바로 그 생명입니다. 나는 아침에 하나님 앞에 나와서 나를 위해 그리스도 안에 감춰두신 생명을 새롭게 하고 또한 이 생명을 육체 안에 나타낼 수 있도록, 나의 모든 것을 그분께 바칠 것입니다. 성령님이 내 마음속에 내주하심으로 하나님이 아침에 모든 교훈을 계시해 주시고 허락하신 새로운 날을 친히 열어 주시기를 조용하고도 분명한 확신을 가지고 바랄 수 있습니다.

우리는 아침 경건 시간이 하나님과의 동행을 확신하는 시간이 되기 위해서, 온전한 구속의 터 위에 굳게 서는 일이 얼마나 중요한가를 배웠습니다. 우리는 하나님이 우리에게 말씀하신다는 사실을 믿어야 합니다. 그리고 하나님이 그리스도 안에서 우리에게 주신 사명을 감당해야 합니다. 의식적이고도 공개적으로 우리는 하나님이 원하시는 사람이 되도록 노력해야 합니다. 하나님 앞에서 이것을 배우고 간구하기 위해 시간을 드려야 합니다. 전쟁에서 난공불락의 장소에 있으면 승리한 것이나 다름없습니다. 그러므로 우리도 그리스도 안에 있어야 합니다.

이것을 행하려는 시도가 우리의 일상적인 성경 공부와 기도를 방해할지도 모릅니다. 그러나 이것은 조금도 손해가 아닙니다. 후에 우리는 온전한 보상을 받게 될 것입니다. 우리의 모든 삶은 우리의 하나님은 누구신가, 그리고 그리스도 안에서 구속을 받은 나는 누구인가를 아는 데 있습니다. 우리가 일단 이 비밀을 배우기만 한다면, 하나님께 나아갈 때나 그분과 함께 세상으로 나아올 때 큰 능력을 발휘할 것입니다.

22.
하나님의 뜻

1. 하나님의 뜻으로 말미암아 그리고 그 뜻에 따라서 이 세상은 지금의 모습대로 존재합니다. 세상에 나타난 그 지혜와 능력과 선함은 하나님의 뜻의 표현 또는 구현입니다. 또한 세상의 아름다움과 영광은 하나님이 그렇게 되도록 뜻하신 것입니다. 하나님이 세상을 만드신 것과 마찬가지로 하나님의 뜻이 날마다 세상을 유지하고 있습니다. 그리하여 피조물은 하나님의 영광을 드러내고 있는 것입니다. "그 생물들이

보좌에 앉으사 세세토록 살아 계시는 이에게 영광과 존귀와 감사를 돌릴 때에 이십사 장로들이 보좌에 앉으신 이 앞에 엎드려 세세토록 살아 계시는 이에게 경배하고 자기의 관을 보좌 앞에 드리며 이르되 우리 주 하나님이여 영광과 존귀와 권능을 받으시는 것이 합당하오니 주께서 만물을 지으신지라 만물이 주의 뜻대로 있었고 또 지으심을 받았나이다 하더라"(계 4:9-11).

2. 하나님은 그분의 형상과 모양대로 피조물의 의지, 곧 그분의 뜻을 알고 받아들이며 거기에 협력할 수 있는 강한 능력을 가진 의지를 창조하셨습니다. 타락하지 않은 천사들은, 하나님이 뜻하시고 행하시는 일을 그 자신도 뜻하고 행할 수 있다는 사실을 최고의 영예와 행복으로 여깁니다. 타락한 천사들과 인간의 죄와 비참은 오직 하나님의 뜻에서 등을 돌려 그 뜻 안에 거하고 그 뜻 행하기를 거부했다는 데 있습니다.

3. '구속'은 간단히 말해서, 이 세상에서 하나님의 뜻이 다시 제자리를 찾는 것입니다. 이 목적을 위해 그리스도가 오셔서 사람이 인생에서 마땅히 추구해야 할 유일한 목표는 하나님의 뜻을 행하는 것임을 보여 주셨습니다. 그분은 우리에게 자기 의지를 정복할 수 있는 유일한 길은, 자기 의지에 대해서는 죽고 하나님의 뜻에 대해서는 죽기까지 순종하는 것임을 보여 주셨습니다. 이처럼 그리스도는 우리의 자기 의지 때문에 속죄를 행하셨고 우리를 위해 그것을 정복하셨습니다. 그분은 죽음을 통해 하나님의 뜻에 온전히 연합하고 헌신하심으로 생명의 부활

로 가는 길을 열어 놓으셨습니다.

4. 그리스도와 그의 모범을 통해 하나님은 그분의 뜻에 대한 열의와 기쁨이 무엇인가를 보여 주셨습니다. 그리고 우리에게도 그것을 기대하십니다. 그리스도와 그분의 영 안에서 하나님은 우리의 의지를 새롭게 하시며 그것을 지배하십니다. 하나님은 우리의 의지 안에 역사하셔서 우리로 하여금 그분의 모든 소원대로 행할 수 있을 뿐 아니라 기꺼이 그렇게 하도록 만드십니다.

하나님은 모든 일을 그분의 뜻에 따라 행하십니다. 그분은 "모든 선한 일에 너희를 온전하게 하사 자기 뜻을 행하게 하시고 그 앞에 즐거운 것을 예수 그리스도로 말미암아 우리 가운데서 이루시기를"(히 13:21) 원하시며 또 이루십니다. 이러한 것이 성령님에 의해 계시되어 마음속에 받아들여지면, 우리는 비로소 "뜻이 하늘에서 이룬 것같이 땅에서도 이루어지이다"라는 기도에 대해 통찰력을 가지게 되며, 그 기도가 약속하는 삶에 대한 소망을 갖게 됩니다.

5. 그리스도인은 하나님의 뜻과 자신의 관계, 그리고 자신을 향한 하나님의 뜻이 무엇인지를 인식해야 합니다. 많은 신자들이 하나님의 뜻에 비추어 그들의 믿음 또는 감정이 어떻게 되어야 하는가에 대해 무지했습니다. 내 유일한 소망은 하나님이 내게 뜻하신 것만을 행하는 것, 즉 그분께 순종하는 것입니다. 하나님의 은혜로 나는 하나님의 뜻 안에 살면서 뜻이 하늘에서 이룬 것같이 그 뜻을 행하는 데 내 모든 시간을

쓰고 있습니다.

6. 오직 하나님의 뜻이 우리 안에서 성취되고 우리의 마음을 지배할 때, 주님이 가르쳐 주신 기도가 응답될 것을 믿을 수 있는 담대함이 생깁니다. 오직 하나님의 뜻이 우리 안에 이루어지는 것은 예수 그리스도를 통해서임을 알게 될 때, 우리는 그분과 친밀하게 연합하는 것만이 하나님의 뜻이 우리 안에서 온전히 역사하는 것이라는 확신을 갖게 됩니다. 하나님께 대한 이러한 확신이 있을 때 예수 그리스도로 말미암아 우리의 연약한 의지도 이 땅에서 하나님의 뜻과 일치할 수 있습니다. 우리 마음이 바라는 유일한 일, 즉 모든 일에서 하나님의 뜻이 하늘에서 이룬 것같이 또한 우리에 의해서 그 뜻이 이루어지는 것이 우리의 운명과 의무가 되게 합시다. 그러면 믿음이 세상을 이길 것입니다.

7. 오직 성령님을 통해 하나님의 인도에 의지할 때만 하나님의 뜻이 참되게 알려집니다. 이러한 교훈은 자기가 지혜롭고 현명하다고 자처하는 사람들이 아니라, 어린아이와 같이 주님을 의지하면서 기꺼이 기다리는 자들이 받을 것입니다. 하나님의 인도는 하나님의 뜻이라는 길로 이끌 것입니다.

8. 하나님과 은밀히 교제할 때 다음과 같은 위대한 교훈을 거듭 배우게 될 것입니다. 첫째, 내가 경배하는 하나님은 내가 그분의 뜻과 완전히 연합하기를 기대하신다. 둘째, 내 경배는 "나는 하나님의 뜻 행하기를 기뻐합니다"라는 뜻이다. 셋째, 내가 하나님과 은밀히 교제하면서 하나

님의 뜻과 그 뜻을 수행하는 능력에 대한 지식을 찾고 계발할 때, 하나님의 말씀에 대한 연구와 기도는 참되고 충만한 복을 가져올 것이다.

23. 말씀을 섭취함

말씀을 섭취한다는 것에서 우리는 세 가지를 살펴볼 수 있습니다. 첫째는 하나님의 말씀을 얻는 것입니다. 하나님의 말씀은 부지런히 찾는 자들만 얻을 수 있습니다. 그 다음은 먹는 것입니다. 이것은 우리 자신의 생존 유지를 위해 자기 것으로 만드는 것, 즉 하나님의 말씀을 자신의 존재 안으로 가져오는 것을 말합니다. "사람이 떡으로만 살 것이 아니요 하나님의 입으로부터 나오는 모든 말씀으로 살 것이라"(마

4:4). 마지막으로는 즐거워하는 것입니다. "천국은 마치 밭에 감추인 보화와 같으니 사람이 이를 발견한 후 숨겨 두고 기뻐하며 돌아가서 자기의 소유를 다 팔아 그 밭을 사느니라"(마 13:44). 이 구절에서도 얻는 것, 자기 것으로 삼는 것, 즐거워하는 것이 나옵니다. "내가 주의 말씀을 얻어 먹었사오니 주의 말씀은 내게 기쁨과 내 마음의 즐거움이오나."

먹는다는 것이 핵심적인 생각입니다. 먹는 것에 앞서, 찾아 발견하는 일이 있으며, 즐거워하는 것이 먹는 일에 수반되거나 그 뒤를 따릅니다. 먹는 것이야말로 얻는 행위의 목적이며, 즐거워하는 원인이자 즐거운 삶입니다.

하나님의 말씀을 얻는 것과 먹는 것의 차이를 이해하려면, 어떤 사람이 자기 밭에 쌓아 놓은 곡식과 그 곡식으로 만든 빵을 식탁에서 먹는 것을 비교해 보십시오. 씨 뿌리고 추수하고 저장하는 모든 부지런한 노동의 결과로 그는 매일 빵을 먹을 수 있습니다. 얻는 것, 즉 추수하는 일과 많은 수확물을 저장하는 일과 능률적인 작업은 주어진 상황을 바라보며 일을 하는 것뿐이지만, 먹는 것은 자신이 얻은 것을 자신의 이로 직접 씹는 것입니다.

우리는 이것을 아침 성경 공부에도 적용해 볼 수 있습니다. 우리는 하나님의 말씀을 얻어야 합니다. 그리고 주의 깊은 사고를 통해, 그 말씀들을 우리 자신과 다른 사람의 필요를 위해 마음과 기억 속에 저장해 놓으려면 그것을 체득해야 합니다. 이 작업에는 종종 큰 기쁨, 곧 추수나 승리의 기쁨 또는 어려움을 극복한 기쁨이 있을 수 있습니다. 그러나 하나님의 말씀을 얻어 소유하는 것이 그 말씀을 먹는 것은 아니라는 사실을 기억해야 합니다. 말씀을 먹는 것만이 영혼에 신령한 생명과 힘을 가져다 줄 수 있습니다.

좋고 견실한 곡식을 소유하는 것이 사람에게 영양분을 주는 것은 아닙니다. 하나님의 말씀을 아는 지식에 깊은 흥미를 느끼는 것이 영혼을 자라게 하는 것도 아닙니다. 먼저 "내가 주의 말씀을 얻어"야 "먹었사오니"를 통해 기쁨과 즐거움을 얻게 됩니다.

그러면, 먹는 것이란 무엇입니까? 농부가 재배하여 기쁘게 거둔 곡식은 그가 그것을 먹어서 그의 뼈와 살을 형성하도록 완전히 흡수하기 전까지는 그의 생명을 자라게 하는 것이 아닙니다. 반드시 조금씩 하루에 두세 번씩, 연중 매일 먹어야 합니다. 이것이 먹는 법칙입니다. 그러나 하나님의 말씀을 먹는다는 것은 무언가 다른 것이 필요합니다.

예수님은 "나의 양식은 나를 보내신 이의 뜻을 행하며 그의 일을 온전히 이루는 이것이니라"(요 4:34)고 말씀하셨습니다. 예수 그리스도의 거룩이나 겸손이 우리에게 나타나기 위해서 말씀을 먹는다는 것은, 하나님 말씀의 적은 분량(어떤 분명한 명령이나 새 생활의 의무)을 취하여 그것을 의지와 마음속으로 고요히 받아들이는 것을 말합니다. 그리고 전 존재를 그 법에 복종시키며 주 예수님의 능력 안에서 그것을 행하기로 굳게 결심하여 그 말씀에 순종하는 것입니다. 결국 말씀을 우리의 내면 속으로 받아들여 우리 생명에 없어서는 안될 한 부분이 되도록 하는 것입니다. 어느 한 가지 진리나 약속에 대해 그와 같이 해 보십시오. 우리가 먹은 것이 우리의 일부가 되어 결국 삶의 일부로서 우리와 함께하도록 말입니다.

성경 지식을 모으는 것과 하나님의 말씀을 먹는 일(생명을 주시는 성령님의 능력으로 그 말씀을 우리 자신의 마음속으로 받아들이는 것)은 별개입니다. 그리고 음식을 얻는 법칙과 대조해 보면서 우리는 음식을 먹는 두 가지 법칙이 언제나 준수되어야 한다는 것도 살펴보았습니다. 우리는 몇 년을 지탱할 만큼의 많은 음식을 한꺼번에 먹을 수는 없습니다. 매일매일, 하루에 한 번 이상, 일용할 양식을 먹어야 합니다. 그와 같이 하나님의 말씀을 먹는 것도 반드시 조금씩, 영혼이 매번 받아서 소화시킬 수 있는 만큼이어야 합니다. 그리고 한 해가 지나면 다음해로 넘어가면서 계속 말씀을 먹어야 합니다.

이렇게 하나님의 말씀을 섭취한다면 우리는 "주의 말씀은 내게 기쁨과 내 마음의 즐거움"이라고 말할 수 있을 것입니다. 조지 뮬러(George Muller)는 하나님 안에서 행복감을 느끼기 전까지는 성경 읽기를 중단하지 않는 법을 배웠노라고 말했습니다. 그런 후에야 비로소 그는 일상 업무를 시작했습니다.

24. 휴가

영국의 유명한 교육가인 에드워드 스링(Edward Thring)은 이렇게 말했습니다. "업무와 더불어 갖는 바람직한 여가 시간은 엄청난 힘을 발휘한다. 훌륭한 여가 시간을 갖는 것은 일에서 가장 중요한 문제이다. 왜냐하면 그것이 우리의 성격에 큰 영향을 미치기 때문이다. 여가 시간은 참된 교육이 돌아가도록 만드는 돌쩌귀다." 이 교육계의 권위자는 교육에 있어서 첫번째는 고상한 성격과 신실한 인간됨이고, 두 번째는 기술과 체력의 훈련이라고 보았습니다. 그는 또한 스승이 비록 숭고한 신념과 진실된 가르침을 통해 학생에게 자극을 주고 그를 인도하는 일에 많은 노력을 기울일지라도, 모든 학생은 자신의 성격을 스스로 계발해야 한다고 여겼습니다. 자유로운 여가 시간이야말로 학생이 참으로 자기 속에 있는 것이 무엇인지를 알 수 있는 시간입니다. 그러므로 스링은 여가 시간이 가장 중요하고 큰 힘을 가진, '참된 교육이 돌아가도록 만드는 돌쩌귀'라고 말했던 것입니다.

영적 생활에서 이 사실은 더욱 그렇습니다. 대학이나 학교에 다닐 때는 많은 학생들이 아침 경건 시간을 규칙적으로 지킵니다. 모든 정신은 정규적이고 체계적인 일에 기울어져 있습니다. 그래서 경건의 시간은 수업 시간이나 개인 공부 시간처럼 제대로 지켜집니다.

그러나 방학 때가 되면 학생들이 시간을 자유롭게 쓸 수 있게 됩니다. 많은 학생들이 아침 경건 시간과 그 시간에 나누는 하나님과의 교제는 자연스럽거나 필수적이지 못하다고 생각합니다. 그래서 즐거운 휴가를 보내면서 그 시간은 제쳐 둡니다. 결국 휴가는 인격에 대한 시금석이 되며, 욥처럼 "내가 그의 입술의 명령을 어기지 아니하고 정한 음식보다 그의 입의 말씀을 귀히 여겼도다"(욥 23:12) 하고 말할 수 있는지 검증할 수 있는 기회가 됩니다. 결국 여가 시간이란 그 사람이 무엇을 가장 중요하게 여기는지를 보여줍니다. 그 사람은 자기가 제일 좋아하는 것을 여가 시간에 즐깁니다. 그리고 그가 소중히 간직해 온 것이 무엇인지 드러나게 되고 그것에 더 매진하게 됩니다.

미국의 어느 교사가 이렇게 말했다고 합니다. "우리가 씨름해야 할 가장 큰 어려움은 여름 방학입니다. 우리가 학생들을 최고조로 끌어 올려 그들이 가장 이상적으로 반응할 바로 그때, 학생들은 우리 곁을 떠납니다. 학생들이 가을에 돌아오면 우리는 모든 것을 새로 시작해야 합니다. 여름 방학은 그들을 혼란스럽게 만들 뿐입니다." 이 말은 일반적인 공부와 의무에 대해 언급한 것이지만 영적인 생활에도 마찬가지로 적용할 수 있습니다. 몇 달 간 발전했던 모습이 한 주간 휴가로 쉽게 날아가 버릴 수도 있습니다. 영적인 측면에서도 마찬가지입니다. 아침 경건 시간의 정신은 하루 종일 그리고 매일의 끊임없는 경계를 통해 계속 유지되어야 합니다. 방학이나 휴가라고 아침 경건 시간까지 쉬어서는 안됩니다. 우리 영혼의 시간을 빼앗아 갈 도둑이 언제 올지 모르기 때문입니다.

학생을 일깨우기 위해 강조할 측면이 여러 가지 있습니다. 방학 동안 학생들은 학교의 규칙에 얽매이지 않게 됩니다. 그러나 학생들은 결코 자유로울 수 없는 또 다른 법들, 즉 도덕의 법이나 건강관리의 법을 지켜야 합니다. 하나님과 매일 교제해야 한다는 요청은 전자가 아니라 후자의 범주에 속한다고 학생들을 일깨워 주어야 합니다. 그들이 방학 중에도 매일 음식을 먹고 숨을 쉬어야 하는 것처럼 매일 하늘의 양식을 먹고 하늘의 공기를 마셔야 합니다.

아침 경건 시간은 의무일 뿐만 아니라 말할 수 없는 특권이자 기쁨이라는 사실을 강조하십시오. 하나님과의 교제, 그리스도 안에 거하는 일, 말씀을 사랑하여 온종일 묵상하는 일은 새로운 피조물에게는 생명이고 힘이며 건강이자 기쁨입니다. 만일 그들이 그것을 기쁨으로 여기면, 그것은 실제로 기쁨이 될 것입니다. 무엇보다도 세상이 빛의 역할을 수행하는 그들을 원하고 있으며, 그들에게 의존하고 있다는 사실을 깨달아야만 합니다. 그리스도는 자기 몸의 지체로서 그들을 기다리시며, 매일매일 그들로 말미암아 그분의 구원 사역을 행하고자 하십니다. 그분도, 세상도, 우리도 단 하루라도 헛되이 보내서는 안됩니다.

하나님은 우리를 창조하시고 구속하셨습니다. 그분이 태양으로 이 세상을 밝게 하시듯이, 그분은 우리로 말미암아 사람들에게 자신의 빛과 생명과 사랑을 비추실 수 있습니다. 우리는 매일 모든 빛의 근원이신 분과 교제해야 합니다. 이 교제로부터 벗어나거나 교제를 덜 하기 위해 휴가를 구할 생각은 하지 마십시오. 도리어 하나님 아버지와 성자 예수님과 더 많이 교제하기 위한 특별한 기회로 휴가를 생각하십시오.

25.
안과 밖

외면은 감추어진 내적 생명의 형식적인 표현입니다. 외면은 일반적으로 내면보다 먼저 보입니다. 외면을 통해 내면은 발전되어 완성에 도달하는데, 이는 바울 사도가 말한 것과 같습니다. "그러나 먼저는 신령한 사람이 아니요 육의 사람이요 그 다음에 신령한 사람이니라"(고전 15:46). 내면과 외면 사이의 관계를 올바로 이해하고 유지하는 일은 그리스도인의 생활에서 큰 비밀 중의 하나입니다.

만일 낙원에 있던 아담이 유혹하는 사탄에게 귀를 기울이지 않았다면, 그의 시험은 내적 생명의 완성으로 귀결되었을 것입니다. 그의 죄와 파멸과 모든 비참은 그가 가식적인 외부 세계의 세력에 굴복했기 때문에 생긴 것입니다. 그는 겉으로 드러나지 않는 순종과 사랑과 의존의 내면 생활에서 자신의 행복을 찾는 대신, 자신이 속한 세상에 소망을 두었으며, 세상이 줄 수 있는 선악에 관한 지식과 기쁨에 마음을 고정시켰던 것입니다.

가장 저급한 우상 숭배에서부터 유대주의와 기독교의 부패에 이르기까지 모든 거짓 종교는 외면적인 것에 뿌리를 두고 있습니다. 눈을 즐겁게 하고, 마음을 재미있게 하며, 기호를 만족시킬 수 있는 것은 하나님이 찾으시고 부여해 주시는 내면에 있는 진리, 즉 마음과 생명의 감추어진 지혜를 쫓아 버립니다.

신약 시대의 가장 큰 특징은 내적 생명의 시대라는 것입니다. 새 언약은 이것입니다. "내가 나의 법을 그들의 속에 두며 그들의 마음에 기록하여"(렘 31:33). "새 영을 너희 속에 두고 새 마음을 너희에게 주되 … 또 내 영을 너희 속에 두어"(겔 36:26-27). 주 예수님의 약속은 이것이었습니다. "그는 진리의 영이라 … 너희 속에 계시겠음이라 그날에는 … 내가 너희 안에 있는 것을 너희가 알리라"(요 14:17, 20). 하나님이 그 아들의 영을 부어 주시는 곳이 마음이며, 그 마음은 하나님의 사랑이 흘러나오는 곳이요, 참된 구원이 발견되는 곳입니다. "은밀한 중에 보시는"(마 6:4)

하나님 아버지와 은밀한 교제를 나누는 골방은 내적 생명의 상징이며 훈련장입니다. 날마다 신실하고 충직하게 골방에서 무릎을 꿇으면 내적 생명은 강해지고 기쁨이 넘치게 됩니다.

우리의 신앙 생활에서 가장 큰 위험은 내적인 실재보다 외적인 수단에 더 많은 시간을 들이고 관심을 기울인다는 것입니다. 성경 공부의 강도를 높이고 기도를 열심히 하며 선행을 하는 것이 꼭 참된 영적 생활을 만드는 것은 아닙니다. 하나님은 영이시기 때문에 우리 안에도 그분을 알고 받아들이며 그분의 모습을 본받고 선함과 사랑이신 속성에 참여할 수 있는 영이 있다는 사실을 인식해야 합니다.

우리의 모든 구원은 우리 안팎의 새 사람 속에서 그리스도 예수의 본성과 생명과 영을 나타내는 데 있다는 사실을 명심하십시오. 이렇게 하는 것만이 사람의 영혼 속 본래의 하나님의 생명을 새롭게 하고 회복시킬 수 있습니다. 어디에서 무엇을 하든지 언제나 그리스도와 연합하여 그분의 인격과 성향을 본받고자 하는 열망으로 하십시오. 오직 여러분의 영혼 가운데 그리스도의 영과 생명을 발휘하고 증가시키면서 여러분 안에 있는 모든 것을 거룩하신 예수님의 인격과 영으로 변화시키기만을 바라십시오.

우리 안에 있는 보화를 잘 생각하십시오. 세상의 구주와 영원한 하나님의 말씀이 신령한 본성의 씨앗으로서 우리 마음속에 감추어져 있습니다. 그 보화는 우리 안에 있는 죄와 죽음을 이기고 우리 영혼 안에 하늘의 생명을 창조할 것입니다. 우리의 마음으로 돌아가면 우리 속에 있는 구주와 하나님을 발견할 것입니다. 우리는 하나님을 다른 곳(책 속에서, 교회에서, 외적인 활동들)에서 찾기 때문에 하나님을 뵙지도 느끼지도 못합니다. 하지만 우리가 먼저 마음속에서 하나님을 발견하기 전까지는 다른 어떤 곳에서도 하나님을 발견하지 못할 것입니다. 마음속에서 그분을 구하십시오. 그러면 결코 헛수고를 하지 않을 것입니다. 왜냐하면 하나님이 거하시는 곳은 마음이며, 그곳에 그분의 빛과 영이 있기 때문입니다.

26. 매일 새로워짐의 힘

매일 새날을 맞을 때마다 만물의 생명은 새로워집니다. 태양이 다시 떠올라 빛과 온기를 주면, 꽃들은 피어나고 새들은 노래하며 생명은 어디서나 꿈틀대며 힘을 얻습니다. 우리는 잠자리에서 일어나 아침을 맞을 때 하루의 일을 시작할 수 있는 새로운 힘이 공급되는 것을 느낍니다. 골방은 우리의 내적 생명도 나날이 새로워져야 함을 고백하는 곳입니다. 오직 하나님의 말씀으로 양육받고 기도 가운데 하나님과 나누는 신선한 교제만이 영적 생명의 활기를 유지시켜 주고 자라게 할 수 있습니다. 비록 우리의 겉사람은 낡아지고, 죄나 고통의 짐 그리고 일의 부담과 피곤함이 우리를 지치고 약하게 한다 해도 속사람은 날로 새로워질 수 있습니다.

경건의 시간에 대하는 말씀과 기도로 인해 우리는 새로워질 수 있습니다. 하지만 오직 하나님의 능력이 역사하실 때만 효과가 있습니다. 그 능력은 '우리 안에서 역사하시는' 하나님의 전능한 능력이신 성령님이십니다. 골방에서 보내는 시간을 통해 날마다 자라가는 내적 생명에 대해서 우리가 강조할 것은, 복되신 성령님이 이뤄 가시는 속사람이 날로 새로워진다는 사실입니다.

디도서는 우리가 "중생의 씻음과 성령의 새롭게 하심으로" 구원 받았다고 가르칩니다. 이 두 가지 표현은 공연한 반복이 아닙니다. 중생은 그리스도인의 생명의 시작으로서 위대한 행위이며, 성령의 새롭게 하심은 계속적으로 진행되는 사역입니다. 로마서 12장 2절에서 우리는 "마음을 새롭게 함으로" 오는 그리스도인의 생활의 점진적인 변혁을 봅니다. 에베소서 4장 22-23절에서 "옛 사람을 벗어버리고"라는 말은 단번에 취한 행동을 가리키지만, "심령으로 새롭게 되어"는 현재 시제로서 점진적인 작업을 가리킵니다. 골로새서 3장 10절에서도 "새 사람을 입었으니 이는 자기를 창조하신 이의 형상을 따라 지식에까지 새롭게 하심을 입은 자니라"는 말씀을 봅니다. 우리는 골방에서 속사람을 날로 새롭게 하시는 복된 성령님을 바라보아야만 합니다.

우리의 개인 경건 시간의 모든 것은 복되신 삼위일체의 세 분과 참된 관계를 유지하는 것에 달려 있습니다. 성부와 성자는 성령을 통해서만 구원을 주시는 사랑의 역사를 하실 수 있고, 그분을 통해서만 그리스도인은 자신의 일을 할 수 있습니다. 그 관계는 믿음과 순종이라는 간단한 두 마디로 표현될 수 있습니다.

믿음. 성경은 "하나님이 그 아들의 영을 우리 마음 가운데 보내사 아빠 아버지라 부르게 하셨느니라"^(갈 4:6)고 말합니다. 아침 경건 시간에 하나님의 자녀는 기도의 영이신 성령님과 함께 기도한다는 사실을 기억해야 합니다. 그분이 도와주셔야만 우리가 효과적인 기도를 할 수 있습니다. 하나님의 말씀을 대할 때도 성령님의 도움이 필요합니다. 오직 성령님에 의해서만 진리가 신령한 의미와 능력을 지니고 우리 안에 계시될 수 있으며 우리 마음속에서 역사할 수 있습니다. 속사람이 날로 새로워지려면 아침에 묵상하고 경배할 시간을 가지고 마음을 다해 성령님이 주신 것을 신뢰하십시오. 우리 안에 계신 성령님을 통해 하나님은 기도와 말씀으로 말미암아 축복을 주실 것입니다.

순종. 성령님이 전적인 통치권을 가지셔야 한다는 사실을 잊지 마십시오. "무릇 하나님의 영으로 인도함을 받는 사람은 곧 하나님의 아들이라"^(롬 8:14). 그들은 성령을 따라 행하고 육체를 따라 행하지 않습니다. 성령님은 말씀에 빛과 힘을 주시며 우리로 하여금 하나님을 기쁘시게 하는 어린아이 같은 믿음을 주시고 순종의 생활을 하도록 이끄십니다. 새롭게 하는 능력을 지니신 성령님으로 인해 하나님을 찬송하십시오. 그리고 새로운 기쁨과 희망을 가지고 속사람이 나날이 새롭게 되는 골방으로 향하십시오. 그러면 삶은 언제나 새로울 것이고, 우리는 힘을 더 얻어 하나님이 영광 받으실 열매를 풍성히 맺게 될 것입니다.

만일 이 모든 것이 참이라면, 우리는 성령님에 대해 올바로 알아야만 합니다. 제삼위이신 하나님으로서 그분이 하시는 직무와 사역은 다음과 같습니다. 하나님의 생명을 우리에게 가져다 주시고, 우리 존재 깊은 곳에 자신을 숨기셔서 우리와 하나가 되시며, 성부 하나님과 성자를 계시하시고, 우리 안에 역사하시는 하나님의 전능한 능력이 되시며, 우리의 전 존재를 통치하시는 분입니다. 그분이 바라시는 것은 오직 한 가지입니다. 우리가 그분의 인도에 순종하는 것입니다. 참으로 순복하는 사람은 영혼을 날로 새롭게 하시는 성령님의 사역 속에서 성장과 능력과 기쁨의 비밀을 발견하게 될 것입니다.

27. 매일 새로워짐의 양상

무슨 일을 하든 목표를 명확히 세우는 것이 중요합니다. 활동과 진전이 있다는 것만으로는 충분치 않습니다. 우리는 그 활동이 올바른 방향을 향하고 있는지 알아야 합니다. 특별히 우리가 다른 사람과 함께 일을 할 때, 그리고 우리가 그 사람에게 의존할 때, 우리의 목표와 그 사람의 목표가 완전히 일치하는지 알아야 합니다. 우리가 날로 새로워지려는 목적을 달성하려면 그 목표가 무엇인지를 분명히 알고 확고히 붙잡아야 합니다.

"새 사람을 입었으니 이는 자기를 창조하신 이의 형상을 따라 지식에까지 새롭게 하심을 입은 자니라." 신령한 생명이나 우리 안에서 역사하시는 성령님의 사역은 맹목적인 힘으로 하는 것이 아닙니다. 우리는 하나님과 함께 일하는 사람이 되어야 합니다. 우리의 협력은 지성적이고 자발적인 것입니다. 새 사람은 날마다 '지식에까지' 새롭게 하심을 받기 때문입니다. 자연적인 이해로는 말씀에서 자신을 이끌어 낼 수 없으며, 오직 신령한 지식만이 우리를 이끌어 줍니다. 성령님의 새롭게 하시는 일은 참된 지식을 가져다 줍니다. 그런 지식은 사고와 개념 속에 있는 것이 아니라 내면의 경험, 즉 사물들에 대한 살아 있는 지각에 있는 것입니다. 말이나 개념은 고작 그것의 형상일 뿐입니다. 우리가 아무리 부지런히 성경 공부를 한다고 해도, 영적인 생명과 속사람 안에서 '심령으로' 새롭게 되지 않으면 참되고 신령한 지식을 받을 수 없습니다.

신령한 지식 가운데 어떤 계시를 참되고 유일한 목표로서 추구해야 합니까? 새 사람은 "자기를 창조하신 이의 형상을 따라 지식에까지 새롭게 하심을 입은 자"입니다. 하나님의 형상, 하나님의 모양이 바로 매일 새롭게 하시는 성령님의 목표입니다. 그리고 그 새로워짐을 추구하는 것이 그리스도인의 목표가 되어야 합니다.

하나님이 이 세상을 창조하실 때 가지신 목표는 이것입니다. "우

리의 형상을 따라 우리의 모양대로 우리가 사람을 만들고”(창 1:26). 우리
는 이 말씀의 한없는 영광을 얼마나 무심하게 생각하는지요! 하나님은
그분의 생명을 사람 속에 불어넣으셨습니다. 그 생명을 이 땅의 사람
속에서 하늘의 하나님과 똑같은 모양으로 재생산했습니다. 인간의 모
습으로 이 땅에 오신 그리스도는 하나님의 형상을 계시함으로 나타내
셨습니다. 우리는 성령님의 형상을 닮고, 성자의 형상을 닮으며, 하나
님을 닮은 사람이 되어 그리스도가 행하신 대로 행하기 위해 예정되었
고 구원받았으며 부르심을 입었습니다. 하나님이 마음을 두신 것에 우
리의 마음을 두지 않는다면, 새 사람이 날마다 자기를 창조하신 이의
형상을 따라 새로워지지 않는다면, 매일의 성경 공부와 기도가 무슨 유
익이 있겠습니까?

에베소서 4장에서는 이 생각이 조금 다르게 표현되었습니다. “오
직 너희의 심령이 새롭게 되어 하나님을 따라(하나님의 모양처럼) 의와 진리
의 거룩함으로 지으심을 받은 새 사람을 입으라.” 의는 하나님이 죄를
미워하시고 옳은 것을 지키시는 것입니다. 거룩함은 하나님의 형용할
수 없는 영광, 즉 의와 사람의 완전한 조화, 피조물 위에 한없이 뛰어나
심, 사람과의 완전한 연합 등입니다. 사람 속에 있는 의는 하나님과 이
웃에 대한 우리의 의무에 관해 하나님의 모든 뜻을 포함하고 있습니다.
사람이 창조된 것과 마찬가지로 새 사람은 “의와 진리의 거룩함으로”
날로 새로워져야 합니다. 이것을 보장하기 위해 성령님의 능력이 우리

안에서 역사하십니다. 그리고 성령님의 새롭게 하시는 은혜와 능력 안에서 매일매일 우리 자신을 그분께 복종시키기를 기다리고 계십니다.

아침 경건 시간은 성령님이 의와 진리의 거룩함으로 하나님의 형상을 따라 날로 새롭게 하시는 시간입니다. 우리의 마음을 하나님이 목적하시는 곳에 두어 놀라운 가능성에 대한 참된 전망을 가지려면 묵상과 기도를 해야 합니다. 즉 속사람이 하나님의 모양을 따라 날로 새로워지고 주의 영으로 말미암아 그분과 동일한 형상으로 변화되어야 합니다. 그리스도인이여! 이보다 못한 것을 목표나 소원으로 삼지 마십시오. 하나님의 형상, 하나님의 생명, 그분의 모양이 우리 안에 나타날 수 있습니다. 성령님의 새롭게 하심으로 말미암아 우리 안에 그분의 형상이 이루어지는 것을 보려는 열망을 가지고 그분께 가까이 나아가며 그분을 신뢰하십시오. 우리를 창조하신 자의 형상을 따라 새로워지는 것이 매일의 기도가 되게 하십시오.

28. 매일 새로워짐의 대가

그러므로 우리가 낙심하지 아니하노니 우리의 겉사람은 낡아지나
우리의 속사람은 날로 새로워지도다(고후 4:16).
너희는 이 세대를 본받지 말고 오직 마음을 새롭게 함으로 변화를 받아(롬 12:2).

장성한 그리스도인으로 성장하는 것은 쉬운 일이 아닙니다. 하나님 편에서 볼 때, 그것은 하나님의 아들의 생명을 대가로 치르는 것을 뜻합니다. 또한 사람을 재창조하시는 하나님의 전능하신 능력을 요구합니다. 그리고 성령님이 끊임없이 돌보셔야만 그런 생활을 유지할 수 있습니다.

사람 편에서는, 새 사람을 입을 때 옛 사람을 벗는 일이 요구됩니

다. 우리는 지난 삶을 구성해 온 우리 본성의 성향과 습관들을 버려야
만 합니다. 값진 보화를 얻으려면, 우리가 태어날 때부터 아담에게서
받은 모든 것을 내다 팔아야만 합니다. 사람이 그리스도를 따르려면,
마땅히 자신을 부인하고 자기 십자가를 지고 그리스도가 가시는 길로
가야 합니다. 모든 죄뿐만 아니라 죄의 기회가 될 수 있는 모든 것을,
그것이 얼마나 중요하고 합법적이며 값진 것이냐에 상관없이 다 물리
쳐야 합니다. '영원한 생명의 능력' 가운데 살려면 자신의 생명을 미워
하고 그것을 버려야 합니다. 참된 그리스도인이 되는 것은 대부분의 사
람들이 생각하는 것보다 훨씬 심각한 일입니다.

　　이것은 속사람이 날로 새로워지는 일에 있어서 특히 그렇습니다.
바울은 그것을 겉사람이 '낡아지는' 일이 수반되고 또 그 일에 의해 규
정되는 것으로 언급했습니다. 고린도후서는 그리스도의 죽음을 따르는
것은 물론 그분의 고난에 동참하는 것이 어떻게 교회들에게 능력과 축
복이 되며 그의 삶의 비밀이 되었는가를 보여 줍니다. "우리가 항상 예
수의 죽음을 몸에 짊어짐은 예수의 생명이 또한 우리 몸에 나타나게 하
려 함이라 우리 살아 있는 자가 항상 예수를 위하여 죽음에 넘겨짐은
예수의 생명이 또한 우리 죽을 육체에 나타나게 하려 함이라 그런즉 사
망은 우리 안에서 역사하고 생명은 너희 안에서 역사하느니라"(고후 4:10-
12). 우리의 인격이나 몸이나 다른 사람을 위한 우리의 사역에 있어서
그리스도인 삶의 모든 경험은 그분의 고난과 죽음에 동참하는 것에 달

려 있습니다. 겉사람의 희생과 죽음 없이는 속사람의 새로워짐도 대폭적으로 이루어질 수 없습니다.

우리의 생명을 하늘의 것으로 가득 채우려면 땅에 속한 것을 없애야 합니다. 로마서 12장 2절도 같은 진리를 말합니다. "마음을 새롭게 함으로 변화를 받아." 옛 집은 새로 단장한다 해도 여전히 옛 모습이 상당히 남아 있기 마련입니다. 옛 집이 완전히 새로워진다면 사람들은 그 변화를 보고 놀라게 될 것입니다. 성령님으로 인한 마음의 새롭게 함은 완전한 변화, 즉 완전히 다른 생각, 판단, 결정을 의미합니다. 육적인 마음은 "신령한 지혜"(골 1:9)에 자리를 내주어야 합니다. 이 변화는 육에 속한 모든 것을 포기하지 않고서는 얻을 수 없습니다. "이 세대를 본받지 말고 오직 마음을 새롭게 함으로 변화를 받아." 육신의 모습을 한 우리는 이 세상에 속해 있습니다. 은혜로 말미암아 새롭게 되어도 우리는 여전히 이 세상에 속해 있을 것입니다. 즉 우리는 이 세상으로부터 벗어날 수 없는 교묘하고도 편만한 영향 아래 있는 것입니다. 그뿐 아니라 세상은 여전히 우리 안에 있습니다. 우리를 하늘의 생명으로 가득 채우시는 성령님의 전능한 능력 외에는 아무것도 육신의 누룩을 제거할 수 없습니다.

이 진리 아래 거합시다. "이 세대를 본받지 말고"라는 부정형은 "변화를 받아"라는 긍정형만큼이나 강조되어야 합니다. 이 세상의 정신과 하나님의 영은 우리의 존재를 소유하기 위해 싸웁니다. 우리가 이 세상의 정신을 감지하고 거부하며 내던질 때만이 하나님의 영이 우리 안에 들어오셔서 새롭게 하고 변화시키는 복된 사역을 하실 수 있습니다. 세상과 세상적인 정신에 속한 모든 것은 마땅히 포기해야 합니다. 육적인 생활과 자아에 속한 모든 것은 마땅히 잃어버린 바 되어야 합니다. 일단 참으로 성령님이 모든 것을 하신다는 것과 믿음으로 말미암아 주 예수님의 능력 안에서 우리가 모든 것을 포기했다는 사실을 배우게 되면, 새로워질 뿐 아니라 하늘의 생명이 우리 안에서 자연스럽게 자랄 것입니다.

그러면 골방은 하나님이 이미 하신 일과 지금도 하고 계시는 일과 앞으로 하실 일로 인해 우리가 날마다 그분을 찬양하는 곳이 될 것입니다. 매일매일 우리는 "나를 믿는 자는 성경에 이름과 같이 그 배에서 생수의 강이 흘러나오리라"(요 7:38)고 말씀하신 복되신 주님께 자신을 새로이 복종시켜야 합니다. 성령님의 새롭게 하시는 사역은 그리스도인의 매일의 삶에서 가장 복된 진리 가운데 하나입니다.

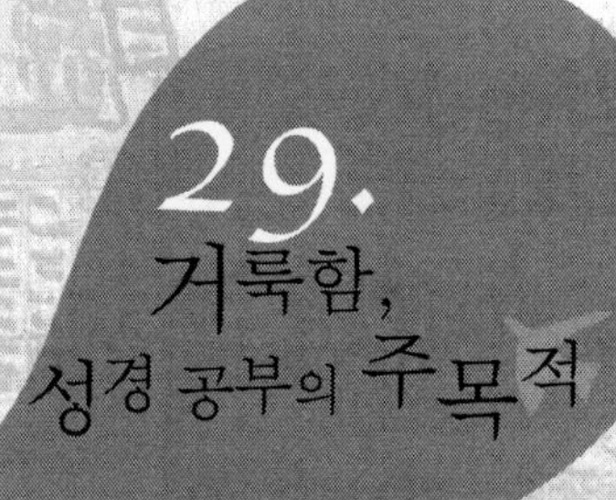

그들을 진리로 거룩하게 하옵소서 아버지의 말씀은 진리니이다(요 17:17).

우리 주님은 아버지의 말씀은 진리라고 언급했습니다. 제자들이 그 말씀을 믿고 지킴으로써 참된 제자의 삶을 살며 직분을 잘 감당할 수 있었습니다. 그리스도께로부터 하나님의 말씀을 받아 그 말씀을 지키는 것이 참된 제자도의 표시이며 능력입니다.

이 세상을 떠나실 때 주님은 하나님 아버지께 제자들을 지켜 주시기를 기도하시면서, 또한 하나님이 그들을 진리, 곧 그분의 말씀으로 거룩하게 해 주기를 간구하셨습니다. 그리스도는 "내가 곧 길이요 진리"(요 14:6)라고 말씀하셨습니다. 그분은 하나님의 독생자이시며 "은혜와 진리가 충만"(1:14)하셨습니다. 그분의 가르침은 장차 올 좋은 것에 대한 지식과 약속을 준 모세 율법의 가르침과는 달랐습니다. 모세의 율법은 형상 또는 그림자에 지나지 않았습니다. "내가 너희에게 이른 말은 영이요 생명이라"(요 6:63)는 말씀과 같이 모세의 율법이 언급하는 바로 그 본질과 능력과 신령한 부요를 우리에게 주셨습니다.

그리스도는 지식이나 선언의 차원이 아니라 실제 경험과 향유의 차원에서 그분 속에 있는 모든 진리 가운데로 인도하실 "진리의 성령"(요 16:13)에 대해 말씀하셨습니다. 그리고 나서 예수님은 진리가 말씀 안에 있고, 영으로 말미암아 그분 안에서 계시된 것같이 하나님 아버지가 이러한 살아 있는 진리 안에서 그들을 거룩하게 해 주기를 기도하셨습니다. 그분은 "그들을 위하여 내가 나를 거룩하게 하오니 이는 그들도 진리로 거룩함을 얻게 하려 함이"(17:19)라고 말씀하십니다. 그리고 주님은 하나님 아버지가 능력과 사랑으로 그들을 돌보시고 하나님의 목적이 이루어짐으로 말미암아 그들이 주님처럼 진리 안에서 거룩해지도록 간구합니다. 하나님의 말씀에 비추어 여기에 나타난 놀라운 교훈들을 살펴봅시다.

"그들을 진리로 거룩하게 하옵소서 아버지의 말씀은 진리니이다." 하나님 말씀의 위대한 목표는 우리를 거룩하게 만드는 것입니다.

아무리 성경 공부를 한다 해도, 우리가 더욱 겸비하고 거룩해지지 않는다면 아무 유익이 없습니다. 성경을 읽어도 그리스도인의 인격에 변화가 일어나지 않는 까닭은 "성령의 거룩하게 하심과 진리를 믿음으로 구원을 받게"(살후 2:13) 되는 일을 참되게 구하지 않았기 때문입니다. 사람들은 말씀을 공부하여 그 말씀의 진리들을 받아들이면, 어떤 식으로든 그것으로 인해 유익을 얻을 것이라 생각합니다. 그러나 경험해 보면 그렇지 않다는 것을 알게 됩니다.

거룩한 인격, 성별된 삶, 다른 사람을 축복할 수 있는 힘이라는 열매를 맺지 못하는 이유는 간단합니다. 우리가 자신이 찾는 것만을 얻기 때문에 그렇습니다. 그리스도는 우리를 거룩하게 하는 하나님의 말씀을 주셨습니다. 오직 모든 성경 공부에서 이것을 우리의 분명한 목표로 삼을 때만이 진리를 알게 될 것입니다. 이 진리는 교리적인 진리가 아니라 사람을 소생시키는 신령한 능력, 즉 씨와 같은 하나님의 생명을 부여하는 진리를 말합니다.

"그들을 진리로 거룩하게 하옵소서 아버지의 말씀은 진리니이다." 오직 하나님만이 그분의 말씀으로 우리를 거룩하게 하실 수 있습니다. 하나님과 직접적인 관계가 없는 말씀은 소용이 없습니다. 하나님만이 유일하게 거룩하신 분이시며, 그분만이 거룩하게 하실 수 있습니다. 하나님의 말씀의 가치는 바로 그것이 거룩하게 하시는 하나님의 도구라는 데 있습니다. 많은 이들은 오직 하나님만이 그것을 사용하실 수

있으며 그것을 효과 있게 하실 수 있다는 사실을 잊는 심각한 실수를
저지릅니다. 우리 혼자 약사의 조제실에 가보았자 소용이 없습니다. 약
사 없이 약을 사용하다가는 치명적인 해를 당할 수 있습니다. 성경 말
씀도 마찬가지입니다. 사람들은 하나님의 율법을 가진 것을 자랑거리
로 삼았습니다. 그러나 성경 공부는 즐거워하면서도 말씀에서 거룩함
을 구하지도 않았습니다. 하나님이 허락하시지 않았기 때문에 말씀이
그들을 거룩하게 하지 않은 것입니다.

"그들을 진리로 거룩하게 하옵소서 아버지의 말씀은 진리니이
다." 말씀을 통한 거룩함은 하나님께로부터 오는 것입니다. 그래서 우
리는 기도 가운데 그것을 구하고 기다려야 합니다. 우리 주님은 제자들
에게 그들이 마땅히 거룩해야 한다고 가르치셨고, 또한 그들로 하여금
진리로 거룩함을 얻게 하려고 스스로를 거룩하게 하셨습니다. 그러나
가장 중요한 것은, 주님이 하나님 아버지가 제자들을 거룩하게 해 주시
기를 바라는 기도와 함께 그분의 말씀과 사역을 하나님께로 가져가셨
다는 사실입니다. 말씀을 공부하는 데 있어서 최우선의 목표는 거룩하
게 되는 것에 우리의 마음을 두는 것이어야 합니다. 그러나 모든 것은
우리가 그리스도의 본을 따라 하나님 아버지께 그 말씀으로 우리를 거
룩하게 해 주시기를 간구하는 것에 달려 있습니다.

우리 안에 거하시는 성결의 영으로 말미암아 우리를 거룩하게 하
시는 이는 하나님, 곧 거룩하신 아버지이십니다. 그분은 그리스도의 정

신과 성향을 우리 안에 일으키십니다. 주 밖에는 거룩한 자가 없습니다. 하나님의 거룩하심으로 말미암아 그분이 주신 것까지 포함하여 모든 거룩은 그분의 것입니다. 성막과 성전은 깨끗케 함이나 구별함이나 성별로 말미암아 거룩했던 것이 아닙니다. 거룩한 하나님이 거하심으로 인해 거룩하게 된 것입니다. 그분이 취하셨기 때문에 거룩하게 된 것입니다.

이와 같이 하나님은 그분의 말씀으로 그리스도와 성령님을 우리 속에 보내심으로써 우리를 거룩하게 하십니다. 우리가 조용히 그분 앞에서 깊은 의지와 복종 가운데 자신을 하나님께 드리지 않는 한 이런 일을 하실 수 없습니다. 위대한 중보자의 이름으로, 하나님과의 교제 가운데 그분을 믿는 믿음 안에서 "저를 진리로 거룩하게 하옵소서 아버지의 말씀은 진리니이다" 하고 기도할 때 우리가 거룩해집니다. 그럴 때 우리는 하나님 아버지의 거룩하게 하시는 능력을 발견하게 될 것입니다. 그리고 하나님의 말씀에 대한 지식이 우리를 거룩하게 할 것입니다.

아침 경건 시간은 특별히 우리 영혼이 스스로를 하나님의 거룩하심에 복종시켜 말씀으로 거룩하게 되는 데 드리는 시간입니다. 하나님 말씀의 목적 가운데 하나는 우리를 거룩하게 하는 것이라는 사실을 기억하십시오. "하나님 아버지, 저를 당신의 진리로 거룩하게 하옵소서"라는 기도를 매일 드리는 우리가 됩시다.

30. 시편 119편의 가르침

시편 119편은 우리가 마땅히 하나님의 말씀을 어떻게 생각해야 하는지, 그 말씀의 축복을 얻으려면 어떻게 해야 하는지를 가르치기 위해 기록되었습니다. 이 시편은 성경에서 제일 긴 장이며, 176절이 각기 다르게 하나님의 말씀을 언급하고 있습니다. 하나님의 뜻을 따라 성경 공부하는 법을 알려면 이 시편을 주의 깊게 공부하십시오. 그 가르침을 실행에 옮길 때가 올 것입니다. 시편 119편에 나오는 '신령한 안내판'

을 잘 읽어보면, 우리가 하는 성경 공부는 영적인 유익과 힘을 얻게 될 것입니다.

시편 119편을 안 읽어 보았다면, 시간을 내십시오. 비교적 자유로운 시간에 시편 119편을 통독하여 그 주된 사상을 흡수하든지 아니면 최소한 그 정신이라도 붙잡으려고 해 보십시오. 한 번 읽어서 이해하기 어렵다면 여러 번 읽으십시오. 그렇게 하면 더 주의 깊게 읽어야 할 필요를 느끼게 될 것입니다. 이 시편을 읽는 데 도움이 될 여섯 가지 지침을 활용하십시오.

1. 하나님의 말씀을 가리키는 갖가지 이름들을 기록하십시오.

2. 말씀과 관련하여 우리가 어떻게 느끼고 행해야 하는지를 표현한 구절을 모두 기록하십시오.

3. 시편 기자가 과거 시제로 하나님의 말씀을 지키고 관찰하고 거기에 매달리거나 기뻐한 사실을 몇 번 언급하는지, 현재 시제로 그가 하나님의 법을 즐거워하고 사랑하고 존중하는 사실을 몇 번 표현하는지, 끝으로 그가 미래 시제로 하나님의 교훈을 어떻게 지키겠다고 약속하고 서약하는지 세어 보고 기록하십시오. 이 모든 것을 합해서 그가 하나님의 법을 존중하고 지키는 사람으로서 무수히 자신의 심령을 하나님 앞에 제시하고 있다는 사실을 살펴보십시오. 특별히 열렬하고 효과적인 기도가 '역사하는 힘이 많은' 이 의인에 대한 분명한 이미지를

얻을 때까지 이것을 공부하십시오. 왜냐하면 이런 표현들은 그의 기도
와 연결되어 있기 때문입니다.

4. 기도에 대해 공부하면서, 말씀과 관련하여 시편 기자의 여러
가지 간구들을 기록하십시오. 깨닫게 하는 가르침과 말씀을 지킬 힘을
구함인지, 아니면 말씀 속에 약속된 축복들이나 말씀을 행하는 가운데
발견된 축복을 구함인지 살펴보십시오. 특히 "주의 율례로 내게 가르치
소서" "주의 증거를 알게 하소서"와 같은 기도문을 기록하십시오. 또한
그 간구가 '주의 말씀을 따라' 나오는 것도 기록하십시오.

5. 시편 기자의 나라나 그의 원수나 악한 자의 죄나 혹은 하나님
의 도움이 더디 오는 것 때문에 겪는 갈등을 암시하는 구절을 세어 보
십시오. 그리고 왜 어려운 때에 우리에게 하나님의 말씀이 특히 필요한
지와 하나님의 말씀만이 우리에게 위로를 준다는 것을 배우십시오.

6. 여기에 가장 중요한 것들 가운데 하나가 있습니다. '주' '주의'
'주를'과 같은 대명사들이 얼마나 자주 나오는지 그리고 얼마나 자주
그것들이 "나를 가르치소서" "나로 소성케 하소서"와 같은 기도 가운데
사용되는지 표시해 보십시오. 그러면 이 시 전체가 하나님께 아뢰는 기
도임을 알게 될 것입니다. 이 시편 기자가 하나님의 말씀에 대해 언급
하는 것은, 자신이 하나님의 말씀에 가까이 간 것에 관한 것이든 혹은
자신이 하나님의 가르침과 소성케 하심을 원한다는 사실에 관한 것이
든 모두 하나님의 면전에서 아뢰는 것입니다. 그는 그 말씀을 묵상하고

생각하는 것을 기도로 말미암아 가능한 끊임없이 살아 계신 하나님과 연계시킴으로써 하나님을 기쁘시게 하고 자신의 심령에도 유익이 된다고 믿은 것입니다. 하나님의 말씀에 대한 모든 생각은 그를 하나님과의 교제로 이끌었습니다.

하나님의 말씀은 그분과 교제하는 데 풍요롭고 다함이 없는 자료를 제공합니다. 이러한 진리들에 대해서 점차적으로 통찰력을 지니게 됨에 따라 우리는 낱낱의 구절들로부터 새로운 의미를 얻게 됩니다. 그리고 때때로 우리는 그 말씀들이 우리를 하나님의 존전과 "주의 말씀대로 나를 붙들어 살게 하시고 내 소망이 부끄럽지 않게 하소서"(시 119:116)라고 말하는 순종과 기쁨의 삶으로 이끄는 것을 발견하게 됩니다. "내가 주의 법을 어찌 그리 사랑하는지요 내가 그것을 종일 묵상하나이다"(시 119:97, 개역한글).

성령님의 은혜로 말미암아 이 시편이 계시하는 경건한 삶이 당신의 아침 경건 시간이 되기를 추구하십시오. 날마다 그 무엇보다 먼저 하나님의 말씀 앞에 나아가십시오. 그 말씀 속에 있는 모든 축복을 자신의 기도 제목으로 삼으십시오. 말씀을 향한 갈급함을 어린아이처럼 간구하십시오. 그리고 하나님 아버지가 도우실 것을 확신하십시오.

그렇게 기도한 후에는 하나님이 당신을 소성케 하시고 축복하시면 그분의 계명의 길로 달려가겠다고 서약하십시오. 또한 하나님의 생

명을 심령 가운데 일깨우거나 북돋아 주기 위해 더욱 열심히 그 말씀을
다른 사람에게 전하겠노라고 서약하십시오.

31. 성삼위일체

매일 아침 모든 그리스도인은 이렇게 기도해야 합니다. "하나님 아버지, 오늘도 저를 능력으로 강건하게 하옵시며, 지금 이 시간도 성령으로 말미암아 제 속사람을 강건하게 해 주시옵소서." 매일 우리는 믿음으로 말미암아 그리스도가 내주하시는 것을 기뻐해야 합니다. 그리고 사랑 가운데서 뿌리가 박히고 그리스도의 사랑을 앎으로 말미암아 강건해진 생활을 만족해야 합니다. 매일 우리는 하나님의 능력을 믿는 믿음 안에서 강해져야 하며 그리스도 안에서 그분께 영광을 돌려야 합니다. 왜냐하면 그분은 능히 우리 가운데서 역사하시는 능력대로 우리의 구하는 것이나 생각하는 것에 더 넘치도록 하시기 때문입니다.

에베소서 3장 14-21절 말씀은 우리의 삶에 영향을 미치는 성삼위 일체의 진리를 드러내는 방식 때문에 주목할 만합니다. 많은 그리스도인들이 삼위일체의 세 위격에 특별한 관심을 기울여야 한다는 것을 알고 있습니다. 그러나 그들은 종종 여러 진리들을 함께 묶는 일과 세 분이면서 한 분이신 분께 경배하는 법을 알기가 어렵다고 느낍니다. 하지만 에베소서 말씀은 그 놀라운 관계와 완벽한 연합을 계시해 줍니다.

성령님은 하나님의 능력으로서 우리 안에 계시지만 그분은 우리의 뜻이나 그분의 뜻대로 일하시지는 않습니다. 자신의 영광의 부요함을 따라 "그의 성령으로 말미암아 너희(우리) 속사람을 능력으로 강건하게" 하시는 분은 하나님 아버지십니다. "우리 가운데서 역사하시는 능력(성령님)대로 우리가 온갖 구하거나 생각하는 모든 것에 더 넘치도록 능히 하실" 분도 하나님 아버지십니다. 우리 안에 계신 성령님으로 말미암아 우리는 하나님 아버지를 더욱 의지하게 됩니다. 오직 하나님 아버지가 성령님을 통해 역사하시는 것입니다. 우리는 두 진리, 즉 성령님의 내주를 경외와 신뢰 속에서 깊이 의식하는 것과 그분을 통해 역사하시는 하나님 아버지를 의지하는 마음으로 끊임없이 기다리는 것을 하나로 묶어야 합니다.

그리스도의 경우는 더욱 그렇습니다. 우리는 성자의 이름으로 하나님 아버지 앞에 무릎을 꿇습니다. 우리는 한 가지 목적, 즉 그리스도가 우리 마음에 계시며 성령님으로 말미암아 우리를 강건하게 해 달라고 간구합니다. 성자는 우리를 성부 하나님께 인도하며 성부 하나님은 우리 안에 성자를 계시하십니다. 성자가 우리 마음에 계심에 따라 그 마음은 사랑 가운데서 뿌리가 박히고 터가 굳어져서 하나님의 생명에서 그 생명을 이끌어 내며 열매를 맺고 사랑의 역사를 하게 됩니다. 그래서 마침내 하나님의 모든 충만하신 것으로 충만하게 되는 것입니다. 우리의 마음 전체는 삼위일체가 교대로 일하시는 복된 터전이 됩니다. 우리 마음이 이것을 믿을 때 우리는 성령님으로 말미암아 우리가 생각하는 것 이상으로 하실 수 있는 그분께 그리스도를 통해 영광을 돌리게 됩니다.

얼마나 놀라운 구원이 우리 마음속에서 일어나는지 모릅니다. 하나님 아버지는 그분의 영을 우리 속에 불어넣으셔서 날로 새롭게 하시는 그분의 사역으로 말미암아 우리로 하여금 그리스도의 처소가 되기에 적합하게 하십니다. 그리고 성령님이 우리 안에 그리스도를 계시하시고 형성하심으로 말미암아 그리스도의 본성과 성향과 성격이 우리의 것이 됩니다. 성자는 자신의 생명을 우리에게 주시어 우리가 하나님의 모든 충만하신 것으로 충만하도록 이끄십니다.

이것이 매일 우리의 경건 생활이 되어야 합니다. 날마다 삼위일체이신 하나님을 온전한 믿음으로 경배합시다! 우리는 삼위일체 하나님의 형상으로 창조되었습니다. 하나님이 우리를 회복시키시는 구원은 내적인 구원입니다. 만약 구원이 우리의 마음속에서 일어나지 않고 마음에서 향유되지 않는다면 그것은 가치가 없습니다. 우리를 구원하시는 하나님은 내주하시는 하나님으로서 그분의 모든 충만하신 것으로 우리를 충만하게 하심으로써 그 일을 하실 수 있습니다. 경배하면서 기다립시다. 믿음으로 그분께 영광을 돌립시다.

에베소서에서 삼위일체의 세 위격이 끊임없이 함께 언급되는 것을 주목해 보신 적이 있습니까?

1:3   하나님, 예수 그리스도, 신령한(성령님) 복

1:12, 13   그의 영광의 찬송, 그리스도 안에서, 약속의 성령으로 인치심

1:17   영광의 아버지, 우리 주 예수 그리스도, 지혜와 계시의 정신

2:18   그로 말미암아 … 나아감을, 한 성령 안에서, 아버지께

2:22   그리스도 예수 안에서, 하나님이 거하실 처소, 성령 안에서

3:4-9   그리스도의 비밀, 하나님 속에 감추어졌던, 하나님의 은혜의
           선물, 성령으로 나타내신 것

4:4-6   성령도 한 분이시니, 주도 한 분이시요, 하나님도 한 분이시니
           곧 만유의 아버지

5:18-20   성령으로 충만함, 하나님께 감사, 예수 그리스도의 이름으로

6:10-18   주 안에서와 그 힘의 능력으로 강건, 하나님의 전신 갑주, 성령
의 검, 성령 안에서 기도

이 구절들을 공부하고 비교하면서, 하나님의 영광에 대한 참되고
겸비한 개념을 얻게 되기를 구하십시오. 특히 이 거룩한 삼위일체에 대
한 진리가 얼마나 실제적인지 주목해 보십시오. 성경은 하나님의 본질
가운데 있는 신비에 대해서는 거의 가르치지 않습니다. 성경이 말하려
는 것은 대부분 우리 안에서 일어나는 하나님의 역사와 그분의 구원에
대한 우리의 믿음과 경험입니다.

삼위일체에 대한 참된 믿음은 우리를 강건하고 총명하며 하나님
께 사로잡힌 그리스도인으로 만들 것입니다. 성령님은 그분 자신을 우
리의 생명 및 내적 존재와 연합시키십니다. 복되신 성자는 우리 안에
거하시면서 하나님과 온전히 교제하게 하십니다. 성부 하나님은 성령
과 성자로 말미암아 당신의 목적, 곧 우리가 하나님의 모든 충만하신
것으로 충만하게 되는 것을 이루십니다.

성부 하나님께 무릎을 꿇읍시다! 그러면 삼위일체의 신비를 알게
되고 체험하게 될 것입니다.

　　말이나 행동을 통해 자연이나 역사 속에서 어떤 지식을 얻게 될 때, 마음은 그것들 속에 감춰진 내적 의미를 찾을 준비를 합니다. 예수 그리스도에 관한 성경의 교훈도 마찬가지입니다. 그러나 많은 그리스도인들은 밖으로 높이 드러난 주님이라는 이 개념에서 더 나아가지 않습니다. 주님이 그들을 위해 그리고 그들 안에서 지금도 하고 계시는 일로 인해 그분을 믿습니다. 그러나 내주하시는 구주로서 자신의 내적인 존재로 안에 계신 그리스도의 참된 신비의 능력에 대해서는 별로 알지도 못하고 누리지도 못합니다.

전자와 같은 더 단순한 개념은 공관복음 가운데 세 복음서의 개념이고, 후자는 요한복음에 나타납니다. 전자는 성경의 칭의 교리에 나타난 진리의 일면입니다. 후자는 그리스도와의 연합과 그분의 지속적인 거하심에 대한 가르침입니다. 이것은 특히 요한복음 및 에베소서와 골로새서에서 나타납니다.

그리스도인들에게 간곡하게 당부합니다. 우리가 그리스도 안에 거하고 그리스도가 우리 안에 계신다는 이 진리를 그저 복음 교리의 한 진리로만 받아들이지 마십시오. 그 진리대로 사십시오. 그래서 그리스도를 믿는 믿음과 하나님과의 교제에 활력을 불어넣으십시오. 그리스도 안에 거한다는 것은 지적인 신앙이나 개념의 문제가 아니라 영적인 실재의 문제입니다.

그리스도가 누구시며 어떤 분이신가를 생각하십시오. 그분의 본질과 사역을 특징 짓고 계시하는 다음의 다섯 가지 측면에 따라 그분을 생각하십시오.

그리스도는 성육신하신 분으로서, 그분 안에서 우리는 하나님의 전능하심이 어떻게 신적인 본질과 인간적인 본질을 완벽하게 연합시켰는가를 봅니다. 그리스도 안에 살 때 우리는 신적인 본질과 영원한 생명에 참여하는 것입니다.

그리스도는 순종하시는 분으로서, 하나님께 온전히 순복하고 그분을 의지하는 삶을 사셨습니다. 그리스도 안에 살 때 우리의 삶은 하나님의 뜻에 전적으로 복종하고 끊임없이 그분의 인도를 기다리게 됩니다.

그리스도는 십자가에 못 박히신 분으로서, 죄를 위해서 죽고 죄에 대해서 죽으신 분입니다. 그분 안에 살 때 우리는 죄의 저주와 지배로부터 자유롭게 되며, 그분처럼 세상과 우리 자신의 의지에 대해서는 죽는 삶을 살게 됩니다.

그리스도는 부활하신 분으로서, 영원히 사시는 분입니다. 그분 안에 살 때 우리 또한 부활의 능력에 참여하며 새로운 삶, 곧 죄와 죽음을 이긴 삶을 살게 됩니다.

그리스도는 승천하신 분으로서, 보좌에 앉아 사람을 구원하는 사역을 하십니다. 그리스도 안에 살 때 그분의 사랑이 우리를 다스리며 우리는 그리스도와 함께 세상을 하나님께 돌려드리는 일에 쓰임을 받게 됩니다.

그리스도 안에 있다는 것은, 우리의 마음이 하나님으로 말미암아 그리스도의 생명이라는 놀라운 환경 가운데 놓이게 되는 것입니다. 이 삶은 인간적이면서 신적이며 온전히 하나님께 바쳐진 삶입니다. 그리고 순종과 희생 가운데 부활의 생명과 영광 안에서 하나님으로 가득한 삶입니다. 예수 그리스도의 본질과 성격이 우리가 거할 그곳을 구성하며, 우리가 숨 쉬는 공기가 되고, 우리의 생명이 의존하여 존재하고 성장하게 하는 생명이 되는 것입니다.

하나님의 충만한 임재와 그리스도의 구원하시는 사랑은 내주하심에 의해서만 가능합니다. 우리가 그분 안에 거하듯이, 그리스도도 신성과 능력으로 말미암아 우리 안에 거하실 수 있습니다. 믿음 안에서 사랑의 마음이 그분께 드려지고 우리의 의지로 적극적으로 순종할 때 그분은 오셔서 우리 안에 거하십니다. 그때 우리는 "그리스도께서 내 안에 사신다"고 말할 수 있습니다. 왜냐하면 우리가 그 사실을 알기 때문입니다.

그리스도가 우리 안에 계시고 우리가 그분 안에 있는 삶을 살려면 우리 영혼이 반드시 아침 경건 시간에 하나님과의 교제로 새로워지고 강건해져야 합니다. 우리가 하나님께 가까이 나아가는 것, 하나님께 산제사를 드리는 것, 하나님을 바라는 것은 모두 그리스도 안에서 이루어져야 하고 그분과의 역동적인 교제 안에서 이루어져야 합니다. 만약 하나님께 더 가까이 가기를 원하고, 그분의 임재나 능력이나 사랑이나 뜻이나 역사를 좀 더 충분히 깨닫고 싶다면 그리스도 안에서 하나님께 오십시오. 그분이 얼마나 깊은 겸손과 의존 속에서, 온전한 순복과 완전한 순종 가운데 하나님께 가까이 가셨는가를 생각하십시오. 그러고 나서 그분과의 연합 속에서 그분의 영과 성향 안으로 들어가십시오.

그리스도가 하늘에서 차지하신 자리, 곧 성취된 구속과 완전한 승리와 하나님의 영광에 온전히 이르는 바로 그 자리를 하나님 앞에서 추구하십시오. 그리스도가 이 땅에서 자신의 승리와 영광으로 가는 길에서 취하신 바로 그 자리를 하나님 앞에서 취하십시오. 우리 안에 계신 그분의 내주와 전능한 힘을 믿으십시오. 우리의 공로에 의해서가 아니라 우리 마음의 진정한 순종과 그리스도를 완벽하게 받아들임으로 말미암아 그리스도에게 받아들여진 것을 확신하십시오. 그러면 우리 안에 살아 계셔서 말씀하시는 그리스도가 진리와 능력의 길로 인도할 것입니다.

33.
홀로 있음

복음서에는 그리스도가 기도하시기 위해 홀로 외딴 곳으로 가신 사실이 자주 언급됩니다. 누가는 그분의 기도를 열한 차례 언급합니다. 마가는 저물어 해질 무렵 모든 병자와 귀신 들린 자를 예수님께 데려오고 온 동네가 그분을 뵈러 왔을 때 많은 사람을 고치신 뒤에 "새벽 아직도 밝기 전에 예수께서 일어나 나가 한적한 곳으로 가사 거기서 기도하시더니"(막 1:35)라고 말합니다. 그분은 열두 사도를 택하시기 전에 "산으로 가사 밤이 새도록 하나님께 기도"^(눅 6:12)하셨습니다. 그리스도가 홀로 계셨던 모습은 제자들에게 깊은 인상을 준 것 같습니다. 그래서 요한은 "혼자 산으로 떠나 가시니라"고 하는 의미심장한 표현을 했고, 마태도 "기도하러 따로 산에 올라가시니라 저물매 거기 혼자 계시더니"^(마 14:23)라고 기록했습니다. 사람이신 그리스도 예수는 홀로 계실 필요를 느끼셨습니다. 이것이 무엇을 뜻하는지 겸손한 마음으로 살펴봅시다.

1. 홀로 있음. 온전히 홀로 계셨습니다. 우리는 사람들과의 만남이 잦을수록 우리 자신을 돌아볼 수 있는 시간이 줄어들며, 그 결과 우리가 얼마나 지치는지를 알고 있습니다. 사람이신 그리스도 예수도 이 점을 아셨습니다. 그래서 그분은 자신의 고귀한 사명과 인간적인 약함과 자신이 하나님 아버지를 온전히 의존하고 있다는 사실을 온전히 인식하면서 자신을 돌아보셨습니다. 자신의 힘을 모으고, 자신이 누구이며, 무엇이 필요한가를 새롭게 인식하기 위해 홀로 계셨습니다.

하나님의 자녀에게는 이런 시간이 더 필요합니다. 세상 일들의 혼잡이나 신앙 생활 가운데, 우리 자신이 그리스도인의 삶을 유지하기 위해서 또한 그리스도인으로서 다른 사람들에게 미칠 영향력을 새롭게 하기 위해서 그 주인의 발걸음을 따라 그분과 함께 있을 시간과 장소를 마련하는 것이 중요합니다.

2. 홀로 영적인 실재와 함께 있음. 예수님은 자신이 구원하러 오신

이 세상 사람들의 필요를 보면서 자신이 그 뜻을 행하려면 하나님 아버지의 임재와 권세를 인식할 시간이 필요하다는 사실을 꾸준히 느끼셨습니다. 우리 또한 자주 영적인 실재를 집중적으로 생각할 시간을 가져야 합니다. 우리가 지식적으로는 영적인 실재, 즉 하나님에 대해서 잘 알고 있지만 자신의 마음과 생활에서는 종종 그것이 아무런 힘을 발휘하지 못하는 경우가 많기 때문입니다. 창조주 하나님에 대한 진리는 무한한 능력을 가지고 있습니다. 그러나 우리는 분주함 가운데 그 진리가 스스로를 드러낼 시간을 주지 않기 때문에 그것은 종종 무력하게 보입니다. 홀로 있음, 이것이 능력의 열쇠입니다.

3. 홀로 하나님 아버지와 함께 있음. 일이 곧 예배요, 봉사가 곧 하나님과의 사귐이라고 흔히 말합니다. 그러나 만약 홀로 있는 시간과 하나님과의 사귐을 위한 특별한 시간 없이도 지낼 수 있는 사람이 있다면, 그분은 우리 주님뿐일 것입니다. 하지만 주님조차도 경건 시간을 가지신 후에 충만한 능력으로 사역을 하시거나 하나님과의 사귐을 유지하셨습니다. 그분은 사람으로서 특별한 사귐을 가지면서 자신의 과거와 미래의 모든 사역을 하나님 아버지 앞에 내려놓으셨습니다. 왜냐하면 자신이 하나님의 능력에 절대적으로 의존되어 있다는 의식을 새롭게 하며 하나님의 사랑을 절대적으로 확신해야 함을 느끼셨기 때문입니다. "아들이 아버지께서 하시는 일을 보지 않고는 아무것도 스스로 할 수 없나니"(요 5:19)라고 말씀하셨을 때, 예수님은 하나님과의 관계에

대한 단순 명료한 진리를 나타내신 것입니다. 즉 예수님의 홀로 계심은 바로 하나님 아버지와 함께 있기 위한 필수적인 일이었습니다.

모든 그리스도인이 이 복된 시간을 가져야 하며, 또한 자녀들에게 이런 높고 거룩한 특권에 대한 의식을 갖도록 훈련시키는 법을 알고 있다면 얼마나 좋겠습니까! 모든 그리스도인은 홀로 하나님과 보내는 시간을 가져야 합니다. 아, 하나님을 내 안에 온전히 모시고, 하나님은 나를 온전히 그분의 것으로 소유하신다는 사실을 안다면 얼마나 좋겠습니까!

4. 홀로 말씀과 함께 있음. 인간으로 이 땅에 오신 예수님은 어려서부터 하나님의 말씀을 배우셨습니다. 나사렛에서 오래 사셨던 그분은 말씀을 들으며 자신의 것으로 만드셨습니다. 그분은 홀로 계시는 동안 하나님 아버지와 더불어 자신에 대해 하신 모든 말씀과 그 말씀을 통해 계시하신, 자신이 행해야 할 하나님의 모든 뜻에 대해 묻기도 하고 들었습니다.

그리스도인이 삶에서 배워야 할 가장 깊은 교훈 가운데 하나는 이것입니다. 살아 계신 하나님이 없는 말씀은 소용이 없으며, 하나님의 말씀을 깨달을 때 순종할 능력도 함께 받는다는 사실입니다. 하나님과의 은밀하고도 개인적인 사귐 가운데 그 말씀은 생명과 능력이 됩니다.

5. 홀로 기도 가운데 있음. 기도는 사람의 모든 삶을 열어 하나님께로 향하게 하며 그분의 가르침과 능력을 구하게 합니다. 그것은 사모

하는 경배이자, 겸손한 사랑이며, 자신에게 필요한 모든 것에 대한 어린아이 같은 간구였습니다. 이것을 바르게 깨닫지도 못하면서, 그리스도의 발걸음을 따르는 사람이 받는 축복에 대해서는 알겠습니까? 그리스도의 발걸음을 따르는 법을 아는 사람은, 홀로 하나님과 함께 있는 것을 가장 큰 기쁨으로 여기는 사람에게 하나님이 어떤 큰 일을 하시는지를 입증해 보일 수 있습니다.

홀로 있음. 이 말은 이 땅에서 그리스도의 삶과 이제 그분이 우리 안에서 사시는 삶의 비밀을 보여 줍니다. 성령님으로 말미암아 우리 안에 사시는 그리스도의 가장 큰 축복 가운데 하나는, '홀로 있음'이라는 말이 의미하는 모든 것을 깨닫고 나누어 주는 것입니다.

34.
사람을 얻음

나는 '영적 각성'이라는 제목이 붙은 〈학생 신앙 운동〉(The Student Movement)의 어느 기사에서 다음과 같은 글을 본 적이 있습니다.

"대부분의 S.C.U.(Students' Christian Unions)에서 S.C.U.의 주목표는 학생들을 예수 그리스도의 제자로 인도하는 것이라고들 한다. 그러나 '정말로 학생들을 무관심과 불신으로부터 예수 그리스도를 믿는 믿음으로 돌아오게 하고 있는가?' 라는 질문이 솔직하게 제기된다면, 몇 경우를 제외하고 대다수의 S.C.U.에서는 매우 의심스럽다는 대답을 할 것이다. 어떤 S.C.U.는 이전의 실패로 좌절한 나머지 자기들이 처한 것과 같은 어려운 상황에 빠진 사람들을 그리스도에게로 인도할 수 있다는 가능성에 대해 회의적이 되어 버렸다. 그들은 어느 정도는 전통적인 방법대로 적극적인 사역을 전개할 수도 있겠지만 예전에 믿음을 가졌을 때보다 더 능력 있게 할 수 있으리라고는 기대하지 않는다.

대학총국의 지도자들은 학생들의 영적 각성을 그들 정책의 맨 앞에 놓았는데 이것은 사태를 정확하게 파악한 것이다. 만일 지역 S.C.U.가 그 지도자들을 중심으로 활기를 되찾는다면 우리는 하나님이 그들의 삶에 역사하시는 것을 우리 주위에서 보게 되리라고 기대할 수 있을 것이다. '우리를 얻는 사랑이라면 많은 사람을 얻을 수 있다.' 이러한 목표를 채택한 그 심각성을 인식하는 것이 옳다. 그것은 거룩한 삶과 자기 희생과 사랑의 봉사 가운데 예수 그리스도와의 친밀한 교제를 포함한다. 그것은 하나님의 영의 인도와 지배에 순종할 것을 요구한다.

우리는 그리스도를 위해 학생들을 얻는다는 목표를 우리 사역의 밑바닥에서 끌어올려 맨 처음에 놓아야 한다. 우리의 S.C.U.는 기계적인 사역자들보다 훨씬 능력이 있다. 그들은 자신들의 S.C.U.가 하나님의 손 안에서 학생들의 삶을 변화시키는 일에 적합한 도구가 되기까지 생각하고 기도하면서 일할 분명한 목표를 가진 남녀를 원하고 있다."

언젠가 하루 종일 기도한 후에 이와 같은 주제를 다룬 한 사설을 읽은 적이 있습니다.

"기도의 날에 우리가 기도하고 간구할 것들이 많다. 하지만 우리는 영적 각성을 위한 기도가 가장 긴급하다는 것을 알고 있다. 우리는 S.C.U. 대다수가 그리스도를 위해 사람들을 얻지 못하고 있다는 사실을 점차로 인식하고 있으며, 어떤 S.C.U.는 자신들이 그 사실로 인해 별로 슬퍼하지도 않는다는 사실을 깨달으며 당황하고 있다. '학생들을 얻지 못한다는 것은 틀림없이 불행한 일이다. 하지만 우리가 무엇을 할 수 있단 말인가?' 라고 생각하는 것이다. 진실로 우리 마음속에 영적 각성이 요구된다.

영적 각성을 통해 우리는 곧 무엇을 해야 하는지를 알게 될 것이다. 사람들을 돕고자 하는 열정적인 갈망은 어디에 있는가? 우리의 형제를 위해 반드시 응답될 절실한 기도는 어디에 있는가? 모든 문제의 핵심은 우리의 관심 부족에 있다. 우리 영혼의 영원한 관심의 한가운데로 깊이 내려갈 때라야 사람들을 그리스도께로 인도하고자 하는 열정적인 바람이 불타오를 것이다. 그들은 우리의 도움을 원하고 있고 그것을 환영할 사람들이다. 그것만이 사람들을 돕고자 하는 불타는 소망의 열정에서 터져나오는 말과 행동이며, 그러한 열정이 영향력 있는 삶을 살 수 있는 기회를 열어줄 것이다. 왜냐하면 성령님이 사람의 동역자가 되시는 것은 이와 같은 열정이 있을 때뿐이기 때문이다. 그리고 그분이 안 계시다면 우리는 곤경에 처한 사람을 찾는 것이나 혹은 찾았다고 해도 그들에게 도움을 주는 데 무력하다. 기도의 날에 영혼을 향한 열정이 우리 각 사람 가운데 생겨나도록 함께 기도해야 하지 않겠는가?"

여기에 '인도인의 필요들'(Indian Needs) 라는 기사에서 발췌한 글을 다시 인용하려고 합니다. 글쓴이는 미션 칼리지(Mission Colleges)를 창립한 주된 목적이 "교사들이 학생들에 대해 인격적 영향력을 갖도록 하는 것"이라고 말합니다. 그러고 나서 그는 이렇게 말합니다.

"나는 인도에서 가장 큰 미션 칼리지들에 대해서 알고 있다. 그들은 빽빽한 강의 일정 때문에 학생들과 친분을 나눌 여유가 없다. 하루에 다섯 시간 내지 여섯 시간의 강의에다가 강의 준비에 필요한 몇 시간을 더하고 나면 인도 같은 기후에서는 녹초가 되어 버리고 만다. 그래서 한 사람의 영혼을 개인적으로 상대하는, 모든 일들 가운데 가장 강도 높은 그 일을 할 수 있는 시간이나 기운이 남아 있지 않은 것이다."

이러한 인용문들이 영혼을 얻는 일과 관련하여 제시하는 생각들은 무엇입니까? 그것은 선교에서 가장 먼저 요구되는 것이 무엇인가 하는 것입니다. 선교지에 간다고 해서 누구나 영혼을 얻는 사람이 되는 것은 아닙니다. 선교지에 들어가기 전에 고국에서부터 자기 희생의 정신과 영혼을 얻는 일을 체득하고 실습해야 합니다. 학생 신앙 운동에서 가장 주된 목표 가운데 하나는 회원들에게 영혼을 얻는 방법을 훈련시키는 것입니다. 그것에 대한 실천 여부가 그 단체의 힘과 성공을 가늠하는 척도가 될 것입니다. 우리가 이것에서 벗어나 전통적이고 기계적인 수단에 빠질 위험은 늘 있습니다. 영혼을 더욱 사랑하기 위해서는 지속적이고 열정적인 공동 기도와 개인 기도가 수반되어야 합니다. 그리고 모든 S.C.U.에 계속적이고 진실된 공동 노력과 개인의 노력이 있어야 합니다. 그래야 그리스도를 위해 우리의 친구들을 얻을 수 있습니다.

신령한 삶의 위대한 특성은 잃어버린 자를 찾아 구원하는 사랑입니다. 사람들을 구원하는 데서 행복을 찾는 사랑, 이것이 우리가 계발하고자 하는 그리스도인의 삶이 되어야 합니다. 이런 삶은 예수님께 가까이 나아가 사랑하는 친구이신 그분과 매일 교제할 때만 계발될 수 있습니다. 하나님 아버지와 성자와의 이러한 교제가 유지되는 곳이 골방입니다. 그러면 은밀한 중에 우리를 보시는 하나님 아버지가 우리에게 놀라운 상을 주실 것입니다.

35.
중보기도의 능력

　　"당신의 능력이 어디에서 나온 것인지 말해주세요." 우리는 하나님의 능력으로 사역하는 중보 기도자들에게 이렇게 묻곤 합니다. 이 사역에 헌신하려는 사람들 가운데 대다수가 그 사역 안에서 기뻐하며 참고 견디어 목적을 이루고 효력을 발휘하기가 왜 그렇게 어려운가 하고 당혹스러워합니다. 기도에 탁월한 지도자들과 영웅들의 삶을 공부해보면, 그들의 성공의 비결을 깨닫게 될 것입니다.

참된 중보 기도자는 자신의 마음과 삶이 온전히 하나님과 그분의 영광을 위한 것임을 아는 사람입니다. 주님은 중보기도만이 아니라 자기 희생으로 우리를 구원하셨습니다. 그분의 중보기도의 능력은 자신의 희생 속에 있습니다. 이것은 이사야 53장 12절에 분명히 언급되어 있습니다. "그가 자기 영혼을 버려 사망에 이르게 하며 범죄자 중 하나로 헤아림을 받았음이니라 그러나 그가 많은 사람의 죄를 담당하며 범죄자를 위하여 기도하였느니라." 그분은 먼저 자신을 하나님의 뜻대로 드리셨습니다. 그렇게 함으로 하나님의 뜻을 이끌 능력을 얻으셨습니다. 주님은 자신을 모두 내어주는 사랑 가운데 죄인들을 위해 자신을 주셨고, 그 결과 그들을 위해 중보의 역할을 감당할 수 있는 능력을 얻으셨습니다.

우리에게 다른 지름길은 없습니다. 그리스도와 함께 죽음에 들어가기를 구하고 자신을 온전히 하나님과 이웃을 위해 바치려는 사람은 모세나 엘리야처럼 담대하고 다니엘이나 바울처럼 목적을 이룰 수 있습니다. 하나님께 대한 전적인 헌신과 순종이 중보 기도자의 첫 번째 특징입니다.

우리는 하나님을 믿는 믿음과 영혼을 위한 사랑과 기도에 대한 기쁨이 너무 부족하다고 말할지도 모릅니다. 중보기도의 능력을 얻으려는 사람은 이러한 불평을 그쳐야 합니다. 그는 자신이 중보기도 사역에 적합한 본질을 지니고 있음을 알아야만 합니다. 사과나무에서는 사과만 열립니다. 왜냐하면 나무 속에 사과의 본질이 있기 때문입니다. "우리는 그가 만드신 바라 그리스도 예수 안에서 선한 일을 위하여 지으심을 받은 자니"(엡 2:10). 눈은 보기 위해 창조되었습니다. 눈이 자기 역할을 다할 때 가장 아름다운 것입니다. 우리는 그리스도 안에서 기도하도록 지음을 받았으며, 그것이 하나님의 자녀로서 우리의 고유한 본질입니다.

성령님은 왜 우리의 마음 가운데로 보내심을 받았습니까? "아바 아버지"라고 부르짖기 위해서, 어린아이 같은 기도 가운데 우리의 마음을 고양시키기 위해서입니다. 성령님은 우리 안에서 말할 수 없는 탄식으로, 우리의 생각과 감정이 이해할 수 없는 능력으로 기도하십니다. 중보 기도자가 되려면 일반인보다 더 많은 영광을 성령님께 돌려 드리는 법을 배워야 합니다. 그분이 우리 안에서 기도하고 계시는 것을 믿음으로 강건하고 담대하십시오. 기도할 때 우리 안에 있는 이 놀라운 기도의 능력을 믿고 거기에 순복하기 위해 하나님 앞에서 잠잠하십시오.

"하지만 우리의 기도에는 의식적인 죄인 됨과 결핍이 너무나 많아요" 하고 말할지도 모르겠습니다. 그것이 사실이지만 우리는 그리스도의 이름으로 기도하는 법을 배우지 않았습니까! 그 이름은 살아 있는 능력을 뜻하지 않습니까! 우리는 그리스도 안에 있고 그분은 우리 안에 계십니다. 우리의 생명은 그분의 생명 안에 감추어져 있고 묶여 있으며, 그분의 생명은 우리 안에 감추어져 있고 역사하고 계십니다. 능력 있는 중보기도를 하려는 사람은 반드시 생각이나 지식으로만이 아니라, 실제적이고 신적인 실재로서 그리스도와 자신이 중보기도 사역에서 하나라는 사실을 명확히 인식해야 합니다. 그는 그리스도의 이름과 본질과 의와 가치와 형상과 영과 생명을 입고 하나님 앞에 나타나는 것입니다. 그러므로 기도 시간의 대부분을 자신의 소원을 되풀이하는 데 소모하지 말고 겸손하며 고요하고 확신 있게 그리스도 안에 있는 우리의 위치를 주장하십시오. 생명과 법이자 유일한 신뢰이신 그리스도 안에서 하나님께 나아오는 자는 반드시 중보기도의 능력을 얻게 될 것입니다.

중보기도는 궁극적으로 믿음의 사역입니다. 그 믿음은 하늘의 실재들 가운데 역사하는 믿음입니다. 그것은 자신의 무익함과 연약함으로 인해 곤란함을 겪지 않는 믿음입니다. 왜냐하면 그 믿음은 그리스도 안에서 살아 있기 때문입니다. 그것은 자신의 소망을 감정이 아니라 삼위일체 하나님의 신실하심에 두는 믿음입니다.

그것은 세상을 이기는 믿음이며, 영적이고 천상적(天上的)이고 영원한 것을 얻기 위해 보이는 것을 값없이 희생하는 믿음입니다. 그것은 그 기도가 상달되었음으로 구한 것을 받을 줄로 아는 믿음이며, 응답이 올 때까지 간구 가운데 잠잠히 참아 목적을 이루는 믿음입니다. 참된 중보 기도자는 믿음의 사람이 되어야 합니다.

중보 기도자는 사자(使者)가 되어야 합니다. 언제나 대기하고 있다가 대답을 듣고 그것을 시행하는 일에 정직하게 자신을 드리는 사람이 되어야 하는 것입니다. 모세를 생각해 보십시오. 그가 담대히 백성들을 위해 하나님께 드린 간구보다는 하나님을 위해 그 백성에게 했던 탄원이 더 위대했습니다. 엘리야에게서도 같은 것을 봅니다. 그가 그 민족의 죄를 지적하며 증거할 때 했던 남모르는 기도의 절박성은 하나님을 위한 그의 공개적인 열심과 같았습니다.

중보기도에는 부지런한 사역이 뒤따라야 합니다. 하지만 그에 못지않게 하나님의 은혜와 영을 받고 그분이 우리로 하여금 무엇을 어떻게 하시는지 더 분명하게 알기 위해 온유하고 겸손한 마음으로 하나님을 기다려야 합니다. 중보기도의 사역을 감당하는 것은 위대한 일입니다. 그것은 하늘이 사람의 모든 필요를 위해 쌓아 둔 축복을 이 땅으로 가져오는 일입니다. 중보 기도자가 개인적으로 그 축복을 받아, 우리에게 나누어 줄 수 있는 것을 간직하고 있다는 사실을 인식하면서 하나님의 면전에서 물러나는 것은 더 위대한 일입니다. 하나님이 우리 모두를 전심으로 기도하며 믿음을 가지고 축복을 간직한 중보 기도자로 만들어 주시기를 빕니다.

36. 중보기도의 사람

의인의 간구는 역사하는 힘이 큼이니라
엘리야는 우리와 성정이 같은 사람이로되 …(약 5:16-17).

성경에 나온 훌륭한 인물들은 우리와는 다른 사람들이라서, 우리에게서는 위대함을 기대할 수 없다고 생각할 수 있습니다. 그러나 성경 속에 있는 하나님의 목적은 그 정반대입니다. 하나님은 그분의 은혜가 무엇을 할 수 있으며, 그분의 뜻과 우리의 본질이 무엇을 요구하며 무엇을 가능케 하는가에 대한 표본으로서, 우리를 교훈하고 격려하시기 위해 성경 인물들을 보여 주신 것입니다.

이러한 일반적인 잘못에 직면한 야고보는 효과적인 기도의 삶을 목표로 삼는 우리 모두에게 확신을 주기 위해 "엘리야는 우리와 성정이 같은 사람이로되 …"라고 말했습니다. 엘리야의 성정과 우리의 성정 사이에, 또는 그의 안에서 역사했던 은혜와 우리 안에서 역사하는 은혜 사이에 아무런 차이도 없기 때문에 우리 또한 그와 같이 기도할 수 있습니다. 우리의 기도가 능력 있으려면 엘리야의 영과 같은 것을 구해야 합니다. "엘리야처럼 기도할 수 있는 은혜를 찾게 하옵소서" 하는 간절한 소원은 합당하며 가장 필요한 것입니다. 만일 우리가 정직하게 그의 기도의 능력의 비밀을 추구한다면 그가 걸었던 지름길이 우리에게도 열릴 것입니다. 우리는 하나님과 동행한 그의 삶에서, 하나님을 위한 그의 사역에서, 하나님을 신뢰한 그의 마음에서 그 비밀을 찾을 수 있습니다.

1. 엘리야는 하나님과 동행했습니다.

기도는 우리 삶의 표현입니다. 사람이 살아 있기 때문에 기도하는 것입니다. 하나님은 그 사람이 기도하는 특정한 시간에 하는 생각이나 말들이 아니라 그의 소원이나 행동에서 보이는 마음의 경향을 그의 참된 기도로 간주하십니다. 그 삶이 그 입술보다 더 크고 진실하게 말합니다. 기도를 잘하려면 생활을 올바로 해야 합니다. 하나님과 동행하기를 구하는 사람은 그분의 생각을 알고 그분을 기쁘시게 하는 법을 배워야 합니다. 그래서 그분의 뜻에 따라 기도할 수 있어야 합니다.

아합에게 첫 번째 메시지를 전할 때 엘리야가 "나의 섬기는 … 하나님 여호와"라고 한 것을 생각해 보십시오. 그가 까마귀들에게서 하나님의 떡을 받으면서 그릿 시냇가에서 홀로 지낸 것이나 사렙다에서 가난한 과부의 도움으로 지낸 것을 생각해 보십시오. 그는 하나님과 동행했으며 하나님 아는 법을 잘 배웠습니다. 때가 왔을 때 그는 자기가 증거했던 하나님께 기도할 수 있었습니다. 오직 하나님과 참되게 교제하는 삶을 통해서만 그런 믿음의 기도가 태어날 수 있습니다. 생활과 기도를 더욱 분명하고 밀접하게 연결하십시오. 하나님과 동행하는 데 우리 자신을 드릴 때 우리는 기도하는 법을 배우게 될 것입니다.

2. 엘리야는 하나님을 위해 일했습니다.

엘리야는 하나님이 보내시는 곳으로 갔으며, 하나님이 명하시는 대로 행했습니다. 그는 하나님과 그분의 사역을 지지했습니다. 그는 그 백성과 그들의 죄를 지적하여 증거했습니다. 그의 말을 듣는 사람은 모두 "당신은 하나님의 사람이시요 당신의 입에 있는 여호와의 말씀이 진실한 줄 아노라"(왕상 17:24)고 말할 수 있었습니다. 그의 기도는 모두 하나님을 위한 사역과 관련된 것이었습니다. 그는 행동하는 사람일 뿐만 아니라 기도하는 사람이었습니다. 그가 선지자로서 기도하자 처음에는 가뭄이, 나중에는 비가 왔습니다. 그래서 백성들이 그 심판과 긍휼로 말미암아 하나님께로 돌아오게 되었습니다. 그가 제물 위에 하늘로부터 불이 내리기를 기도한 것은 하나님이 참 하나님으로 알려지시도록 하기 위함이었습니다. 하나님의 영광을 위한 열망으로 그는 모든 것을 구했습니다.

하나님을 위한 사역에 우리의 삶을 드릴 때 우리는 능력 있는 기도를 드릴 수 있습니다. 하나님은 사람들을 사랑하고 구원하고 축복하십니다. 이러한 뜻 가운데 하나님의 사역에 자신을 드린 신자는 기도 가운데 새로운 삶을 발견하게 될 것입니다. 우리가 다른 사람을 위한 사역을 할 때, 그들을 위한 우리 기도의 정직성을 입증하게 됩니다. 그리고 하나님을 위한 사역을 할 때, 우리는 담대하게 우리의 필요와 권리를 드러낼 수 있습니다. 그러한 의식을 계발하고 하나님의 사역에 자신을 온전히 드렸다고 하나님께 고백하십시오. 그러면 그분이 당신의 기도를 들으신다는 확신이 강해질 것입니다.

3. 엘리야는 하나님을 신뢰했습니다.

굶주림 가운데 엘리야는 자신의 필요를 위해 하나님을 신뢰하는 법을 배웠습니다. 백성을 위해 간구할 때는 더욱 큰 일을 베풀어 주시도록 담대히 하나님을 의뢰했습니다. 불로 응답하실 하나님께 대한 그의 기도에서 하나님이 기도를 들으실 것에 대한 확신이 보입니다. 우리는 그가 아합에게 큰 비가 올 것을 선언할 때나, 사환이 여섯 번이나

"아무것도 없나이다"라는 전갈을 가져 오는 동안 땅에 얼굴을 대고 기도할 때, 하나님이 그가 구한 것을 행하실 것에 대해 확신했습니다. 인격적인 교제 가운데 얻고, 하나님을 위한 사역 가운데 입증된 하나님의 약속과 인격, 하나님의 도우심에 대한 흔들림 없는 확신으로 인해 엘리야는 효과적인 기도의 능력을 받았습니다.

골방은 이런 것을 익혀야 할 곳입니다. 아침 경건 시간은 엘리야처럼 기도할 수 있도록 우리를 준비시키는 은혜를 실습하는 훈련장입니다. 두려워하지 마십시오. 엘리야의 하나님은 여전히 살아 계십니다. 그 안에 계시던 영이 우리 안에도 계십니다. 기도에 대한 제한되고 이기적인 관점을 중단하십시오. 온전히 하나님을 위해 산 엘리야가 가졌던 의식을 계발하십시오. 그러면 우리도 그와 같이 기도하는 법을 배우게 될 것입니다. 기도는 우리와 다른 사람들에게 새롭고 복된 경험을 가져옵니다. 그러면 우리의 기도도 능력과 역사하는 힘이 넘치게 될 것입니다.

일찍이 기도의 삶을 사시고 우리를 구속하시는 중보 기도자인 그리스도의 능력 안에서 우리는 용기를 가지고 두려워하지 말아야 합니다. 우리는 하나님께 자신을 드렸으며 그분을 위해 일하고 있습니다. 우리는 그분을 알고 신뢰하는 법을 배우고 있습니다. 역사하는 힘이 많은 의인의 효과적인 기도의 은혜로 우리를 인도하시도록 우리 안에 계신 하나님의 생명과 내주하시는 성령님을 의지할 수 있습니다.